圖書館文化史

圖書館文化史

한국학술정보(주)

목 차

제1장 文字의 起源과 圖書館文化

인류의 역사는 歷史時代와 先史時代로 구분된다.[1]

1) 선사시대: 불의 사용, 도구의 제작, 목축 및 농경생활, 言語의 발달.
2) 역사시대: ① 문자와 그 밖의 기록방법의 개발: 그림문자 · 상형문자
   ⇒ 알파벳과 기타의 문자(漢字 등) ⇒ 필사기술 및 인쇄
   기술의 발명 ⇒ 도서관의 탄생{초기의 도서관은 극소
   수로서 하나의 보고(寶庫)로서 간주되었음}
   ② 서사재료의 개발: 점토판(粘土版), 석재(石材), 동물가
   죽, 파피루스, 목판(木版), 죽간(竹簡), 종이 등.

제1절 文字以前의 傳達手段[情報媒體]

1. 음성언어(音聲言語)

인류는 수만 년 전에 의사소통을 위해 언어를 만들어 냈고, 인간의 경
험은 기억에 의해 보존되었다. 이러한 시대에 기억의 전승자가 존재하게
되는데, 일린(M. Ilin)[2]은 이들을 '人間圖書'(living books)로 불렀고, 그

---

1) 기록에 의하여 직접 알 수 있는 시대를 역사시대(Historic age), 기록이 전연 없는
   그 이전의 시대를 선사시대(Pre-historic age). 인류의 역사시대는 이집트와 같이
   문명이 가장 일찍 발달한 곳도 4-5,000년 전에 불과, 그 이전의 4-50만 년의 기간
   이 선사시대.
   인류의 역사: ① 오스트랄로피테쿠스(Australopithecus: '남방의 원숭이': 약 200만
   년 전 출현 최초의 인류) ② 호모 에렉투스(Homo Erectus: '직립인간': 약 50만
   년 전 출현 베이징인 등) ③ 호모 사피엔스(Homo Sapiens: '지혜로운 인간': 약
   20만 년 전 출현 네안데르탈인) ④ 호모 사피엔스 사피엔스(Homo Sapiens
   Sapiens: '가장 지혜로운 인간': 약 4만 년 전 출현 크로마뇽인 등)

들이 모인 상태를 '人間圖書館'(living libraries)이라고 하였다. 선사시대의 이러한 전통은 후세에도 계승되어 왔다. 그래서 역사시대에 들어온 이후, 설화와 전설, 구전민요 등과 고대 그리스의 『일리아드』·『오딧세이』3) 등도 이들에 의해 구전(口傳)된 것이다.

2. 기억과 기록의 수단으로서의 기호(記號)4)

사회가 발달하고 인간의 지능이 발달하자, 기억과 기록의 수단으로서 기호를 사용하게 되었다.

---

2) Mikhail Ilin(미카일 일린, 1895-1953), 『Black on White』.

3) ① 호머(Homeros<호메로스>, B.C. 800? - B.C. 750): 고대 그리스의 시인. 유럽 문학의 最大最古의 敍事詩 『일리아드』와 『오딧세이』의 작자로 전한다. 그의 출생지나 활동에 대해서는 그 연대가 일치하지 않으나, 작품에 구사된 언어나 작품 중의 여러 가지 사실로 미루어 보아 이들의 성립연대는 B.C. 800 - B.C. 750년 경으로 추정되고 있다.

② 『일리아드』(Ilias): 1만 5,693행, 24권. 각권마다 그리스 문자의 24알파벳순으로 이름이 붙어 있다. 옛날에는 각권마다 그 내용에 부합되는 이름이 붙어 있었고, 이렇게 알파벳순으로 이름을 붙이는 방법은 B.C. 3세기에 처음으로 쓰여진 권별법(卷別法)이었다. 『일리아드』는 트로이의 별명 일리오스(Ilios)에서 유래한 것이며, <일리아스 이야기>라는 뜻이다. 『일리아드』는 비극과 마찬가지로 하나의 사건에 집중하여, 트로이 전쟁(B.C. 1193 - B.C. 1184, 미케네 문명의 트로이를 그리이스인이 정복한 전쟁) 중의 50일 동안의 이야기 속에 10년의 전망을 담고, 신과 영웅들의 세계를 노래한 것이다.

③ 『오딧세이』(Odysseia): 1만 2,110행으로 되어 있으며, 『일리아드』와 같이 24 그리이스 문자를 딴 24권으로 나뉘어 있다. 『오딧세이』는 <오디세우스의 노래>라는 뜻이다. 그리스 신화에서 그리스군의 트로이 공략 후의 오디세우스의 10년간에 걸친 해상표류의 모험과 귀국에 관한 이야기를 40일간의 사건으로 처리한 것이다.

☞ 西周: B.C. 1027 - 771 春秋戰國(東周)時代: B.C. 770-250 秦:B.C. 249 - 207 漢: B.C. 206 - A.D. 219

☞ 檀君朝鮮: B.C. 2333 衛滿朝鮮: B.C. 194 - 108(右渠王) 신라: B.C. 57 - A.D. 935 고구려: B.C. 37 - 668 백제: B.C. 18 - A.D. 663 고려: A.D. 918 - 1392 조선: 1392 - 1910

4) 김세익, 『도서 인쇄 도서관사』, p. 15.

① 結繩文字(Quipu)5)   ② 色貝(Wampum)6)
③ 刻棒(Massenger stick)7)   ④ 八卦8)

3. 그림

사물을 구체적으로 표현하는 방법으로 구석기시대의 혈거인(穴居人)들의 동굴벽화 등을 예로 들 수 있다. 그러나 이러한 그림들이 의사전달을 위한 것인지는 불확실하다.

4. 그림문자(pictograph)

{ ① 이집트·수메르 → 表意文字로 발전, ② 納西族 → 현재도 사용}

유럽의 신석기시대와 청동기시대의 그림문자적 기록들은 그림문자를 기록으로서 사용한 것이나, 기억에 도움이 되지 못하며, 어떤 암시를 제공하는 보조수단으로서의 역할을 수행하였다. 이러한 그림문자는 象形文字의 단계를 거쳐, 사물을 대신하는 부호를 결합시킴으로서 추상적인 관념까지도 표현이 가능한 表意文字로 발전하게 되었다.

---

5) 여러 빛깔과 길이와 여러 개의 매듭을 지어, 소유재산의 기록과 수량의 기록 등을 위해 사용되었는데 전형적인 것은 페루와 중국의 결승이다.
6) 북아메리카 인디언들이 여러 가지 빛깔의 조개껍질에 염주 구슬을 꿰어 만든 벨트를 결승과 비슷한 방법으로 사용한 것이다.
7) 오스트레일리아 원주민들이 나뭇조각에 눈금을 새겨 교회축제 등의 집회를 알리고, 선전포고 등에 사용.
8) 乾(건), 兌(태), 離(리), 震(진), 巽(손), 坎(감), 艮(간), 坤(곤).

제2절　文字의　發生과　發展

진정한 의미에서 인류가 가진 최초의 문자는 그림문자를 단순화하고 표준화하여 만든 상형문자이다. 이 상형문자가 표의문자로 발전하게 되고, 이 표의문자와 여기에서 파생된 표음문자가 함께 사용되어 문자가 발전하게 되었다.

文字言語의 발명은 인류의 지식과 기술을 축적하고 보존하며 공유하고 전달하는데 획기적인 기원을 이루게 되었다. 다니엘 벨(Daniel Bell)은 音聲言語의 발명에 이어 이를 '제2차 情報革新'이라 일컫고 있다.

1. 楔形文字(cuneiform)

설형문자는 상형문자 가운데 최초의 것으로 메소포타미아지역의 수메르인(Summerans)이 B.C. 3,000년경에 발명했다. 바빌로니아인과 앗시리아인, 페르시아인 등이 이를 이용하여 자신의 언어를 표현하였다.

설형문자의 해독(解讀)은 1800-1830년 사이에 여러 명의 학자들이 고대 근동(近東)의 문자를 발견한 것에서 시작된다. 괴팅겐에서 라틴어 교사로 재직하던 그로테펜트(Grotefent)는 페르세폴리스9)에서 나온 문자를 해독하여 1802년 9월에서 1803년 5월 사이에 왕립 과학협회에 제출했다.10) 이후 1833년 롤린슨(Rawlinson)은 '베히스튼巖石'(Rock of Behistun)을 해독함으로써 설형문자의 샹폴리옹이 되었다. 이 베히스튼암석은 고대페르시

---

9) 페르세폴리스(Persepolis)는 이란 남서부 팔스 지방에 있는 아케메네스왕조의 수도로서 그리스어로 '페르시아의 도시'를 의미한다. 이 유적에서 발견된 2만 여점의 점토판을 통해 당시의 사회, 경제가 밝혀지기도 하였다.

10) 그러나 괴팅겐 왕립 과학협회는 그로테펜트(1775-1853)가 이름 없는 교사이며 동양학자가 아니라는 이유로 그의 연구결과를 인정하지 않았다. 결국 그는 하노버의 한 고등학교 교장으로 직분을 끝마친다(『메소포타미아 사장된 설형문자의 비밀』, 시공사, 1998, p. 20).

아어와 엘람어(혹은 메네아어 또는 스키타이어), 앗시리아어(혹은 아카드어, 또는 바빌로니아어)로 페르시아의 왕 다리우스(Darius)의 법령을 기록한 것이다.[11]

2. 이집트 문자

① 神聖文字(hieroglyph)[12]: 그림으로 표현된 문자로 석조된 신전의 벽이나 기둥에 사용.

② 僧用文字(hieratic script): 신성문자에서 변형된 형태로 주로 승려가 파피루스에 사용.

③ 民衆文字(demotic script): 주로 민중이 개인적·상업적 업무에 사용.

이집트 문자의 연구는 1799년 나폴레옹의 이집트원정 중에 발견되었던 '로제타石'(Rosetta Stone)을 1822년에 샹폴리옹(Champollion)이 해독한 것이 계기가 되었다.[13]

---

11) 19세기 초에 영국의 장교이자 학자인 롤린슨(Henry Rawlinsaon)경은 샤(Shah)의 군대를 훈련시키기 위해 페르시아로 파견되었다가 바위에 새겨진 암석 즉 '베히스튼巖石'(Rock of Behistun)을 발견하였다. 이 비문은 B.C. 500년경 페르시아의 왕 다리우스(Darius) 1세에 대한 송덕비로서, 독일의 그로테펜트(G. Grotefent) 등 여러 학자의 연구를 바탕으로 해서 롤린슨(Henry Rawlinsaon)이 19세기 중엽에 해독하는 데 성공하였다. 그 후 다른 학자들이 이전 시대의 수메르인의 설형문자까지 해독하였고, 이로써 발견은 이전에 되었지만 해독하지 못하였던 메소포타미아 지방의 3,000년 역사를 담은 자료를 해독할 수 있게 되었다. 그 후 계속해서 고대 메소포타미아의 여러 지역의 유적에서 수많은 설형문자판이 발굴되었고, 또 이를 통해 초기의 인류 역사에 대한 새로운 이해를 가능하게 했던 것이다(김세익, 『도서 인쇄 도서관사』, p. 22.)

12) 고대의 이집트인은 지혜와 학문의 신인 토트신이 문자를 발명한 뒤 인간에게 선물로 주었다고 믿음.

13) '로제타石'(Rosetta Stone)은 1799년 나폴레옹의 이집트 원정 중 프랑스 장교 부샤르(Bouchard)가 알렉산드리아에서 약 30마일 떨어진 나일(Nile) 江口의 라시드(Rashid) 마을 가까이에 있는 로제타에서 교묘하게 글이 새겨진 석판을 발견하였다. 이 석판을 발견된 지명을 본따 "Rosetta Stone"이라고 명명하였다. 이 돌은 1802년에 대영 박물관에 보관되었다. 이 돌은 검은 현무암으로 두께가 27.94cm,

3. 漢字

중국최초의 문자는 은대(殷代)후기인 B.C. 14-12세기에 만들어진 甲骨
文字이다. 은시대의 갑골문자는 상형문자가 많았으나 오늘날의 한자는 象
形문자에 指事, 會意, 形聲, 轉注, 假借 등 六書의 방법으로 만들어진 것
이다.14)

높이가 114cm, 넓이가 71cm이며, 이집트 국왕인 프톨레마이오스 5세 에피파네스
를 찬양하기 위해 세운 것으로 에피파네스 칙령이 조각되어 있었다. 돌의 첫 윗부
분은 신성문자이고, 두 번째는 민중문자이고, 세번째는 그리스어로서원문의 번역
문이었다. 1881-22년에 불란서의 샹폴리옹(Chanpollion)은 이 돌에 새겨진 상형문
자의 한 그룹이 고유명를 표시한 것으로 추측했고, 여기에 같이 새겨진 그리스어
의 본문으로부터 이 고유명사를 알아내어 수백 개의 이집트문자에 제각기 뜻을
지정하여 최초의 判讀者가 되었다(김세익, 『도서 인쇄 도서관사』, p. 21.)

14) 1) 한자의 起源說:

　① 伏羲說(B.C. 3,000년경): ㉠ 許愼, 『說文解字』紋, "古者庖羲氏之王天下也, 仰則
　　 觀象於天, 俯則觀法於地, 視鳥獸之文與地之宜, 近取諸身, 遠取諸物, 於是始作易
　　 八卦, 以垂憲象. 及神農氏, 結繩爲治, 而統其事." ㉡ 孔穎達, 『古文尙書』序, "古
　　 者伏羲氏之王天下, 始畵八卦, 造書契, 以代結繩之政, 由是文籍生焉. 伏羲神農
　　 黃帝之書, 謂之三墳, 言大道也. 少昊顓頊高辛唐虞之書, 謂之五典, 言常道也."

　② 蒼頡說(B.C. 2,700년경): 『許愼』, 『說文解字』紋, "黃帝之史蒼頡, 見鳥獸蹄迒之
　　 迹, 知分理之可相別異也, 初造書契."

　③ 朱襄說: 『古三墳』, "伏羲始畵八卦, 命臣飛龍[朱襄]氏, 造六書."

　　 이 세 가지 설 가운데 '창힐설'이 유력하다 할 수 있으며, 이 '書契'는 완전한
　 문자 로 볼 수는 없으며, 단지 결승의 대용으로서 붓으로 그리거나 칼로 나무에다
　 부호를 새기는 방법을 의미한다.(＊'書'는 「聿 + 者聲」의 形聲字로서 손으로 필기구
　 <聿은 筆을 나타냄> 를 들고 대쪽이나 비단에 글씨를 적는 것이 본뜻이다.＊'契'는
　 '挈'<새길 계> 의 가차로서 칼로 나무를 새긴다는 뜻이다.)

　2) 한자의 구성(六書)

象形: 회화적 도형. 鳥 集.　　　『說文解子』　9,353자
指事: 본뜰 수 있는 실체가 없어　　　　　　　364자
　　 점·선 등을 이용 추상의　　　　　　　　125자
　　 형을 지시. 一·二·上·　　　　　　　　1,167자
會意: 形符와 형부가 서로 결합　　　　　　7,697자
　　 하여 반은 새로운 뜻을 나
　　 타냄.

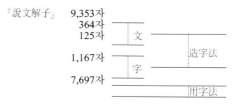

形聲: 형부와 聲符가 결합하여 반은 뜻을 반은 음을 나타냄.
轉注: 相互訓釋. 考老 · 迎逆.
假借: 音이 같거나, 뜻이 같은 자를 用字法 빌림. 來麥 · 其箕 · 東.
3) 한자의 名稱:
① '名', 周代(『儀禮 · 聘禮』:"百名以上書於策, 不及百名書于方.").
② '文', 春秋以前(顧炎武, 『日知錄』: "春秋以上 言文不言字, 如『左傳』, 「於文止戈
   爲武」")
③ '字', 春秋以後.
④ '文字', 秦以後.
⑤ '眞書', 朝鮮(한글은 '諺文'이라 칭했음).
⑥ '漢字'(Chinese Character), 현재. 簡體字, 繁體字
4) 한자의 特徵:
① 表意文字인 채로 계속 사용됨(한자의 탁월성).
② 單綴音(Monosyllabic language)
③ 동사의 변화가 없음.
④ 位置語 또는 孤立語(Positional or Isolating language: 文中의 위치에 따라 뜻
   을 나타냄).
5) 한자의 字數:
① 秦代, 李斯, 『蒼頡篇』(B.C. 221-206년) : 3,360字.
② 漢代, 許愼, 『說文解字』(100년에 완성, 아들 許沖이 121년에 朝廷에 獻上):
   9,353字(이 가운데 獨體 字는 489자, 合體字는 8,864자이며, 540개의 部首로
   분류했음).
③ 宋代, 陳彭年, 『廣韻』(1011년) : 26,194字.
④ 淸代, 陳廷敬, 『康熙字典』(1716년) : 47,035字.
⑤ 現代, 『大漢和辭典』: 48,902字. 『中文大辭典』(1973년): 49.905字. 『漢語大字典』
   (1990년):54,678字.
6) 한자의 書體
① 고문(古文): 黃帝 때 창힐이 만든 이후 周宣王 때까지 사용. 山東지역. 劃이 올
   챙이처럼 처음은 뭉툭하고 끝은 가늠. 蝌蚪文字.
② 대전(大篆): 周宣王(B.C. 247) 太史籀氏. 周나라지역. 篆은 획을 당긴다는 뜻.
   籀文.
③ 소전(小篆): 秦始皇의 宰相 李斯. 大篆을 齊整하여 미관을 갖춘 것. → 篆
④ 고예(古隷): 秦, 程邈. 小篆을 簡易하게 만든 것.
⑤ 팔분(八分): 秦, 王次仲. 八字의 分散形狀. 隷書에서 2分, 篆書에서 8分을 땀.
   章程(規則)書. → 隷
⑥ 장초(章草): 漢, 章帝稱之故後世目焉, 以其施於章奏故名. 草書의 祖上. 漢代의
   隷草.

4. 알파벳15)

B.C. 2,000 - 3,000년 사이에 동지중해 연안에서 발전된 데에 기원을 두고 있다.

　▷ 셈족系의 가나안인(이집트의 신성문자를 간략화 한 알파벳초기 형태의 시나이문자)

　⇒ 페니키아인(이스라엘·시리아 연안의 무역상인. 22字의 자음으로 구성)

　⇒ 그리이스(불필요한 자음을 모음으로 대치하여 21字에서 24자로 구성)

　⇒ 에트루리아16)(26字에서 30字)

　⇒ 로마(Latin문자, 23字)

　⇒ 유럽(표음문자의 기본이 됨, 26字).17)

---

　⑦ 근예(近隸): 漢末에 나타나 隋·唐에 성행. 今隸. 楷書. → 楷

　⑧ 행서(行書): 後漢, 劉德昇(2세기 후반). 楷書를 흘뜨려 쓴 서체. → 行

　⑨ 금초(今草): 後漢의 章草에서 변천. 唐에 와서 대여섯 글자를 이어씀. 連綿草. 草書. → 草

　⑩ 破體: 晉, 王獻之(王義之之子). 행서와 초서의 중간체. 半行草書.

　7) 甲骨文의 발견: 1899년 國子監祭酒(현재의 국립대 총장)인 王懿榮이 達仁堂(한약방)에서 지어 온 瘧疾(말라리아)의 약재 가운데 龍骨에 문자가 새겨진 것을 발견. 친구인 劉鶚(字:鐵雲)과 연구(왕의영은 이듬해 義和團사건으로 자살). 1903년 『鐵雲藏龜』(1,058片) 6책을 石版 印行(羅振玉, 董作賓에 의하여 갑골연구가 진행되었고, 이후 계속된 연구 성과에 의하여 약 3,000자가 해독되었다). 출토지 : 河南省 安陽縣 小屯村.

　　(김세익, 『도서 인쇄 도서관사』, pp. 32 - 38. 李敦柱, 『漢字學總論』, 博英社, pp. 31 - 108.)

　15) Alphabet은 그리이스 알파벳의 첫 글자인 α·β를 합친 것으로 A, E, I, O, U 다섯 개의 모음과 B, C 이하 21자의 자음을 합쳐 모두 26자로 구성되었다.

　16) Etruria: 에투루리아인이라는 민족이 이탈리아 중부에 세웠던 나라. B.C. 4세기 초까지 정치적 문화적으로 지도적 위치에 있었음.

　17) 단, 러시아·불가리아 등은 라틴어와는 형태가 다른 그리스어로부터 전개된 알파벳을 사용하였다. 다시 말해서 알파벳은 그리스문자를 모태로 하여 두 개의 문자 체계로 발전했고, 이것이 전 유럽을 둘로 나누었다. 하나는 라틴문자(로마자), 다른 하나는 키릴문자(러시아문자)인데, 양자는 중세 이래 서방 카톨릭교회와 그리스정교회의 발달에 따라서 종교 분쟁이 그대로 문자의 사용 구분을 이루면서 오

제3절 書寫用具와 書寫材料의 發展

1. 서양

1) 점토판(粘土版, 泥版: clay tablet)
① 지역: 메소포타미아.
② 시기: B.C. 4,000년경 ～ A.D. 3세기.
③ 문자: 설형문자(cuneiform: 라틴어로 '쐐기'를 나타내는 'cuneus'에서 유래)
④ 필기구: 첨필(尖筆).
⑤ 형태: tablet(版).
⑥ 제조법: 점토판에 글자를 찍어 햇볕에 말리거나 불에 구움.
⑦ 특징: 耐久性이 강함. 書寫의 불편. 무거움.

2) 파피루스(紙草 : papyrus, paper, Bible의 語源이 됨)
① 지역: 이집트.
② 시기: B.C. 3,500년경～12세기(1022년의 敎皇敎書(papal bull)가 마지막 파피루스 권자본이고, 10세기에는 종이로 대치되고 12세기에는 그 생산이 중단됨).
③ 파피루스 판매: 이집트인은 원래 무역을 잘하지 못했고, 페니키아(레바논 해안지역)의 해상무역인이 '주베일'(Jebail), {구약성경의 '게발'} 에서 파피루스를 그리스로 독점하여 수출을 하였다. 그리스인은 파피루스를 뷰블로스(Bublos)로 발음을 하게 되었고, 뷰불로스(파피루스)

늘날까지 영향을 미치고 있다(세계문자연구회 엮음·김승일 옮김, 『세계의 문자』, 범우사, 1997, p. 131.)
한편, 아라비아지역의 아라비아문자, 이디오피아문자 등은 西셈족의 알파벳을 전해 받은 것이다.

와 파피루스 수출 무역도시인 '주베일'을 동일시하게 되어 '주베일'을 '비블로스(Byblos)'로 부르게 되었다.

④ 문자: 신성문자 등.

⑤ 필기구: 갈대의 펜(갈대의 끝을 깨물어 붓처럼 만듦). 잉크(적색과 흑색의 잉크. 적색은 章을 새로 쓰기 시작하는 데 사용됨. 이 법은 그리스, 로마를 거쳐 유럽의 필사본과 초기인쇄본의 제목으로서 남게 되었다).

⑥ 형태: 두루마리(보통은 가로 세로가 16인치 정도의 낱장 20매를 이은 것임).

⑦ 제조법: 약 16인치의 길이로 잘라낸 파피루스(나일강변에서 자생하는 갈대의 일종으로 줄기는 삼각형 형태이며 너비는 1.5㎝)의 줄기의 속을 얇게 갈라 판판하게 늘어놓고 그 위에 풀칠을 하고(또는 가로 세로로 겹쳐 배열하고 돌로 눌러 놓으면, 식물에서 나오는 樹液에 의해 접착이 된다고 함) 두번째 층을 직각으로 올리고 두드린다. 색깔은 황색이다.

⑧ 특징: 耐久性이 약함. 低價. 보관이 용이함. 가벼움.

3) 양피지(羊皮紙: parchment)

① 지역: 소아시아의 페르가몬(지금의 터키. 유래: 페르가몬의 왕 에우메네스 2세가 B.C. 2세기경 이집트의 왕 프톨레마이오스의 미움을 받아 파피루스의 페르가몬 출항이 정지되자 良質의 양피지를 생산하여 로마에 수출하게 됨. 'parchment'는 양피지의 발생지인 'pergamen'에서 유래된 것임).

② 시기: B.C. 500년경 ~ 19세기(4세기엔 유럽에서 유력한 서사재료가 되었고, 13세기엔 보편적인 서사재료가 됨).

③ 필기구: 끝이 갈라진 펜(split pen, 깃촉펜).

④ 형태: 두루마리와 책자형태{codex[18]의 계기가 됨}.

⑤ 제조법: 가죽을 씻고 나서 석회로 소독을 하고, 털을 깎은 후에 무두질(모피를 칼로 훑어서 털과 기름을 뽑고 가죽을 부드럽게 다룸)을 하고 다시 씻은 후에 가죽을 늘리고 다시 무두질을 한 다음 석회 가루를 뿌리고 경석으로 광택을 낸다.

⑥ 특징: 耐久性이 강함. 高價(재료가 한정됨).

4) 독피지(犢皮紙: vellum)

양피지보다 제조과정이 복잡하고, 가죽자체가 섬세하고 광택이 좋은 흰색을 띠며 반투명하다.

2. 동양

1) 갑골(龜甲獸骨)

중국 殷나라때(B.C. 14 - 12세기) 점치는 데 사용했던 귀갑(龜甲) 수골(獸骨)로서 여기에 쓰여진 내용은 복점(卜占)에 관한 것으로 제사(祭祀), 군사(軍事), 천상(天象), 전렵(田獵) 등등이다. 이것으로 은대의 정치, 사회, 경제 등이 밝혀져서 전설의 영역을 벗어나지 못하던 은왕조가 중국에서 가장 오래된 왕조임 실증되었다.

2) 죽간(竹簡)

2세기 초엽에 종이가 발명되기 전까지 가장 많이 사용된 서사재료이다. 즉 중국에서의 종이 이전의 종이라고 말할 수 있다. 죽간을 만들려면 우선 대나무의 마디를 잘라낸 다음 마디 사이의 부분을 세로로 쪼갠다. 이렇게 해서 된 대쪽을 불에 쬐어 살청(殺靑)을 한다. 이것은 서사하기에 편하고 충해(蟲害)를 막기 위해서이다. 길이는 20-25㎝이며, 너비는 몇 ㎝

---

18) 고대 그리스인의 목제 필기판(밀랍판)에서 유래하여 양피지를 사용한 목제 필기판 형식의 필기판이 등장 이를 코덱스(codex)라 한다.

로 한 줄밖에 서사할 수 없기 때문에 여러 대쪽을 편철(編綴)한다. 이렇게 편철된 것을 책(冊) 또는 책(策) 또는 간책(簡冊)이라고 불렀다. 또 죽간을 모방해서 목간(木簡)도 사용되었는데, 이것을 찰(札) 또는 첩(牒)이라고 불렀다.

 ☞ 목독(木牘): 판자

 ☞ 겸백(縑帛): 비단

① 사용 시기: 죽간과 목독은 상고에서부터 3·4세기까지, 갑골은 B.C. 12세기 전후, 겸백은 B.C. 5·6세기에서 A.D. 5·6세기까지.

② 필기구: 書刀, 筆(毛筆·竹筆·木筆), 漆, 墨(적색: 辰砂19)와 銀朱20), 흑색: 煙墨)

3. 기타

1) 패트라(pattra · 貝多羅)

패트라는 패다(貝多)·패엽(貝葉)으로 불리며 나뭇잎이라는 뜻이다. 인도·미얀마·타이 등에서 종이의 대신으로 글자를 쓰는 데 사용하는 나무 잎을 말한다. 옛적부터 인도에서 일반적으로 쓰이던 것은 다라(多羅)나무이며, 삼장(三藏)의 경전은 흔히 이 다라나무 잎에 썼다. 그러므로 일설에는 패는 잎이라는 뜻, 다라 나무의 잎을 '패다라'라 한다고도 한다. 다라나무는 모양이 종려(棕櫚)와 비슷하고, 그 잎은 바탕이 곱고 빽빽하고 길며, 글 쓰는 데 사용하려면 말려서 일정한 규격으로 끊은 뒤에 칼이나 송곳 같은 것으로 글자 획을 만들고 먹을 넣기도 하며 또는 먹과 붓으로 쓰기도 한다. 그 크기는 넓이가 두 치, 길이가 두 자쯤으로 하는 것이 보통이며, 두 군데에 구멍을 뚫어 실로 몇 십장씩 꿰어 묶어서 흩어지지 않게 한다.

---

19) 辰砂: 眞紅色의 六方晶系의 鑛石.
20) 銀朱: 水銀으로 만든 朱砂(朱墨 또는 약재로 씀).

2) 밀랍판(蜜蠟版: waxed tablet)

그리스, 로마(서기 79년 베수비오스(Vesuvios)화산의 폭발로 파괴된 폼페이에서 발견됨). 목제 필기판에 밀랍을 바르고 尖筆로 기재하였고 이러한 판 2-3매가 묶어져 소책자가 되었다.

3) 동(銅)

① 商·周·春秋戰國 시대의 靑銅器(金文, 鐘鼎文).

② B.C. 451년 로마에서 공포된 12동판법 등.

4) 석각(石刻)

① 석고문(石鼓文): 周나라 宣王이 岐陽으로 사냥하러 갔을 때 그의 업적을{혹은 東周初 秦國王의 사냥사실(10首 4言 韻文)}을 籀文으로 10개의 石鼓에 刻한 것. 1개의 石鼓는 이미 마멸되었고 9개의 石鼓는 北京故宮博物院에 소장되어 있다.

② 석경(石經): 石經의 經書는 漢, 平帝 元始元年(A.D. 1년)에 王莽이 甄豊에게 명하여 古文易·書·詩·左傳을 비석에 새긴 것으로 시작으로 하여, 역대의 石經이 있었다. 그리고 그 문자를 상고 할 수 있는 것은 7종이 된다.21)

③ 방산석경(房山石經) : 北京 房山 雲居寺 附近의 절벽이나 비석에 새긴 佛經으로 隋, 大業年間(7세기 초)에 시작하여 明代(17세기 초)까지 이루어졌다.

---

21) ① '熹平石經': 漢,熹平 4年(175년), 易書詩儀禮公羊論語六經 蔡邕用隷書刻于太學門外.

② '正始石經': 魏, 正始(240-248)中, 用古文·篆·隷三體刻.

③ '唐開成石經': 唐, 開成2年(837년), 用楷書刻九經.

④ '蜀石經': 蜀, 易詩書三禮三傳論孟 十一經.

⑤ '北宋石經': 宋, 仁宗嘉祐6年(1061), 用篆隷二體.

⑥ '南宋石經': 宋, 高宗時, 御書刻石.

⑦ '清石經': 清, 乾隆年間, 十三經刻於太學.

④ 로제타스톤(Rosetta Stone)·베히스튼巖石(Rock of Behistun)

5) 수피(樹皮)

라틴어로 나무껍질의 뒷면을 liber라고 하며, liber는 book의 뜻이다 (library도 이 liber에서 유래된 것이다). 이를 통해 고대 서양에서 이 liber 에 서사하였음을 추측할 수 있다.

☞ 화수피(樺樹皮): 티벳 지역에서 唐代에 사용.

6) 인피(人皮)

현재 약 50권의 인피본(人皮本)이 남아 있는데, 일례로 독일의 드레스 덴(Dresden) 도서관에는 인피본 曆書가 수장되어 있다.

7) 기타

① 마포(麻布): 삼베조각

② 옥(玉): 玉冊.

③ 금(金): 金冊. 金版

④ 도기(陶器): 秦·漢代의瓦當·封泥.

⑤ 연(鉛): 漢·晋代의 墓地卷.

제2장 고대의 도서관문화

① 오리엔트[22]지역: 메소포타미아[23](티그리스강과 유프라테스강 유역), 이집트(나일강 유역)

② 도서관의 발생: 인간사상의 기록이 '도서'이고, 이를 축적하고 이용하는 장이 '도서관'이라고 볼 때, 도서관은 황하 및 인더스강 유역과 더불어 메소포타미아와 이집트의 문명 발상지에서 발생되었을 것으로 추측할 수 있다. 오리엔트의 대도시는 절대왕권의 후원아래 도서관문화를 형성했던 것으로 알려져 있다.

③ 그리스문화: 에게문명[24]을 이어 탄생한 서양최초의 문화. 폴리스(polis)[25]를 중심으로 한 자유시민이 이룩, 페르시아전쟁[26] 이후 절

---

22) 古代 라틴어인 "태양이 솟아오르는 지역"을 뜻하는 "오리엔스"에서 유래. 고대의 동방 즉 서남아시아와 이집트의 총칭.

23) 메소포타미아는 "두 강 사이의 땅", 즉 'Meso'는 '사이', 'Potami'는 '강의 복수', '-ia'는 '땅' 의 뜻.

24) 에게문명: 에게 해 주변의 그리스 본토와 소아시아 서부 그리고 크레타 섬을 중심으로 오리엔트 문명의 영향 아래 발달한 청동기 문명{크레타 문명(B.C. 2,000 - 1500년경 : 非그리스인의 문명으로, 크레타문명을 전설의 왕 미노스의 이름을 따 미노아문명이라고도 함) ⇒ 미케네문명(B.C. 1600 - 1200년경: 남하한 그리스인의 문명으로 B.C. 2,000년경부터 남하한 그리스인들은 미케네·티린스 등지에 도시국가를 세웠으며, B.C. 1500년경에는 크레타와 트로이까지 지배하였다)}. ⇒B.C. 1200년경 철기를 가지고 최후로 남하한 그리스인인 도리아인에게 멸망 ⇒ 폴리스의 성립.
   ☞ 트로이에는 크레타 이전부터 문명이 발전하고 있었다. 호머(호메로스)의 서사시 「일리아드」(트로이의 別名)에 나오는 트로이전쟁(B.C. 1193 - 1184)은 미케네 문명의 트로이를 그리스인이 정복하는 과정을 그린 것이다.

25) 산악에 의한 都市國家.

26) 페르시아전쟁: 기원전 6세기에 오리엔트 세계를 통일한 페르시아의 세력이 소아시아(지금의 터키 지역)로 뻗쳐 그곳의 그리스 식민 도시를 지배하게 되자, 마침내 동·서 양 세력이 충돌하여 '페르시아 전쟁'(B.C. 492 - 479)이 일어났다. B.C. 5세기 초에 페르시아는 세 차례에 걸쳐 그리스에 침입하였으나, 그리스인들은 아테네와 스파르타를 중심으로 결속하여 '마라톤 전투'(B.C. 490)와 '살라미스 해전'(B.C.

정을 이룸. 인간적이며 합리적이고 이상주의적인 문화인 것이 특징.

④ 헬레니즘문화: 그리스를 정복한 마케도니아의 알렉산더대왕에 의해 오리엔트(알렉산더 死後엔 이집트·마케도니아·시리아로 분열)에 전파, 형성된 "그리스 문화를 바탕으로 하되 민족을 초월한 세계적 문화"27).

⑤ 로마 문화: 라틴인28)이 여러 문명을 종합하여 이룩한 지중해세계문명.

---

480) 등에서 페르시아를 물리쳤다.
  ☞ 펠로폰네소스 전쟁(B.C. 431-404) : 아테네의 세력이 강해지자 스파르타와의 사이에 반목이 일어나 생긴 전쟁. 전쟁에서 이긴 스파르타가 그리스의 패권을 잡았으나, 이 역시 오래가지 못하고, 테베에 패권을 빼앗기고, 이후 그리스 세계는 혼란을 거듭하다가 B.C. 4세기 말 북쪽(발칸반도 북쪽) 마케도니아의 필리포스(알렉산더의 아버지)에 의하여 정복되고 말았다(케로네아 전투(B.C.338)에서 아테네와 테베의 연합군을 격파함).

27) 헬레니즘 문화는 세계 시민주의 사상과 함께 개인주의적 인생관을 발달시켰다. 금욕을 통한 정신적 안정 을 강조한 '스토아 학파'나 정신적인 쾌락을 주장한 '에피크로스 학파'는 이 경향을 대표하는 철학이었다. 미술에서도 이상적인 美보다 인간의 官能이나 激情을 드러내는 현실적인 미가 추구되었다. 밀로의 「비너스」 등은 그 대표적 작품이다.

28) 로마는 이탈리아인(인도·유럽어족에 속하며, B.C. 1,000년경부터 이탈리아 반도로 남하했음)의 일파인 라틴족이 티베르 강변에 세운 도시국가에서 출발. 포에니 전쟁(B.C. 264-146)을 통하여 페니키아인의 식민지 카르타고를 정복하여 서부 지중해의 패권을 차지, B.C. 146년 마케도니아·소아시아·그리스 장악, B.C. 63년 시리아 정복, B.C. 45-45년 카이사르의 독재, B.C. 30년 이집트를 정복, 전 지중해 장악. 395년 테오도시우스 황제 때 동서로 분리, 서로마제국은 476년 게르만 족의 민족이동의 물결 속에 게르만 출신의 傭兵隊長 오도아케르에 의해 멸망, 동로마(비잔틴)제국은 1453년 오스만 투르크 족에게 멸망됨.
  ☞ 동서로마제국의 분리: 테오도시도시우스황제 사후 큰아들인 아르키디우스는 동로마, 작은 아들인 호노리우스는 서로마를 지배(『세계문화사』, p. 106.)
  ☞ 게르만 민족이동: 인도·유럽 어족의 한 갈래인 게르만족은 원래 발트해 연안에 살면서 수렵, 목축, 농경에 종사 농경이 주업으로 되면서 점차 남하, 로마제정 초기에 라인강과 다뉴브 강을 사이에 두고 로마인과 맞서게 됨, 4세기 말엽에 훈족(카스피해의 동복쪽에 살고 있던 유목민으로 흉노의 한 갈래)이 서진하여 동고트족을 치자 그 여파에 밀린 서고트 족이 로마제국 령 안에 들어와, 이를 계기로 게르만 족의 이동이 시작됨, 이후 약 200년 동안 게르만의 여러 부족은 로마 령의 각지에 여러 왕국을 세움.

제1절 오리엔트의 도서관문화

1. 오리엔트의 略史

1) 메소포타미아 지역
① 수메르 시대: B.C. 3,000년경 수메르인이 도시국가(우루·우르크·라가쉬) 건설.
② 아카드 시대: B.C. 2,350년경 셈족계 아카드인이 처음으로 통일왕국 건설(사르곤왕 때 전성, 곧 분열).
③ 바빌로니아 왕국: B.C. 2,000년경 셈족의 아무르인이 재통일(함무라비왕 때 전성(B.C. 18세기), 수메르 古法을 정리하여 함무라비 법전 편찬).
④ 히타이트족: B.C. 16세기 바빌론 함락.
⑤ 아시리아의 통일: B.C. 670년경 전 오리엔트 통일. B.C. 612년 멸망.
⑥ 4국 분열[29]: 이집트·리디아(소아시아)·메디아(이란)·신바빌로니아(메소포타미아).
⑦ 페르시아[30]의 오리엔트 재통일: B.C. 6세기 중엽 메디아 지배 하에 있던 아리아 족의 페르시아인이 일어나 분립하던 4국을 정복.
⑧ 페르시아의 멸망: B.C. 5세기 초 페르시아전쟁 패배 후, B.C. 4세기 알렉산더대왕에게 정복됨. (알렉산더 사후, 지중해 지역은 마케도니아·이집트(프톨레마이오스왕조)·시리아로 분열했다가 로마에 차례로 정복당하고, 서남아시아 지역엔 파르티아 제국이 일어났다가, B.C. 226년 사산조 페르시아에 멸망되었고, 이는 다시 651년

---

29) 4국이 분열되어 각 독립한 시기는 아시리아가 완전히 멸망한 B.C. 612년 이전 B.C. 7세기로 거슬러 올라간다.
30) '페르시아'의 명칭은 그리스인들이 이란의 西部를 '페르시스'라고 가리킨 지방이름에서 유래되었음.

이슬람제국에 멸망되었다.)

2) 이집트 지역
① 40여 개의 도시국가(노모스)가 상·하 두 왕국으로 통합.31)
② 통일 왕국 성립 B.C. 3,000년경.(이후 B.C. 17-16세기엔 힉소스의
   지배를, B.C. 670년엔 아시리아의 정복을 받았고, B.C. 525년 페르
   시아에 정복될 때까지 통일을 유지하였다).

2. 바빌로니아와 앗시리아의 도서관문화

▶ 진정한 설형문자는 수메르인에 이어 셈족계의 아카드인에 의하여 도입
▶ 우르, 라가시, 니푸르의 발굴을 통해 수메르인은 筆寫시스템과 문헌
   을 가지고 있었고, 楔形文字의 창시자로 여겨지고 있다.

1) 니푸르32)의 점토판
① 연대: 수메르, 바빌로니아와 앗시리아의 시대의 점토판.
② 발굴 장소: 점토판을 소장한 寺院도서관과 고문서관.
③ 상태: - 상자 또는 바닥이 점토로 된 바구니에 담겨져 벽을 따라 설
   치된 목제 서가에 보관되어 있었고, 습기를 막기 위해 아스팔트로
   감싸 두게 됨. - 점토판이 묶여있거나 壁龕(벽감: 벽의 오목하게 패
   인 부분) 보관됨. - 상자나 바구니의 경우와 마찬가지로 이들 벽감

---

31) 노모스(Nomes)가 합쳐서 上·下兩 王國이 형성되고, B.C. 3,000년을 좀 지난 무
   렵 上王國의 메네스왕에 의하여 통일왕국 성립. 그러나 메네스왕을 포함하여 초기
   왕조 아직도 반전설적인 존재이고, 이집트의 역사가 확실해지는 것은 제3왕조로부
   터 시작되는 古王國 시대(B.C. 2850 - 2200)부터이다. {참고로 기제(Gizeh)의 피라
   밋은 제4왕조 시대(B.C. 2600 - 2500)에 건설된 것임.}
32) 오늘날 바그다드의 남쪽으로 100 마일쯤 떨어진 곳(김세익, 『도서 인쇄 도서관사』,
   p. 60.)

에는 작은 점토의 라벨(꼬리표)이 붙어 있음.

2) 근동과 메소포타미아의 폐허의 점토판
① 수량: 50만 정도의 점토판(상당수는 유럽과 미국의 박물관에 보전되어 있음).
② 형태: - 長方形이고, 크기는 다양하나, 예를 들면 폭 12인치, 길이 16인치이고, 대부분은 그 절반의 크기임. - 점토판은 양면이 모두 사용됨. - 표면은 평평치 않은 볼록형이며, 뒷면은 거의 오목면을 이루고 있음. - 점토판에는 그 책의 타이틀이 붙어 있으며, 소유주와 寫字生의 이름, 그 점토판을 주의 깊게 다루라는 충고가 포함되는 경우도 있었음.
③ 점토판의 廢棄: 도로나 바닥을 만드는 재료로 사용하거나, 더미로 쌓아놓음.

3) 필경사(筆耕士)
바빌로니아나 아시리아의 필경사는 독립된 계급을 형성했고, 때로는 문자를 모르는 궁신(宮臣)이나 심지어 왕보다도 더 강력한 권력을 휘둘렀다. 또한 우수한 필경학교는 기강이 대단히 엄격했던 것으로 알려져 있다.[33)]

3. 아슈르바니팔 도서관

1) 아슈르바니팔(Ashurbanipal, B.C. 668 - 627) 왕의 도서관의 흥망
- 앗시리아의 수도인 니네베(Nineveh)에 세워졌음 - 아슈르바니팔 왕은 왕국의 내외에 걸쳐 수메르, 바빌로니아와 아시리아의 텍스트를 수집, 다시 제작되고 필사됨. - 도서관은 대부분 B.C. 612년 페르시아인과 동맹한

---

33) 『문자의 역사』, 시공사, 1995, p. 21.

메디아인의 니네베 점령에 의해 파괴됨.34)

2) 도서관의 구조
궁전 내의 수많은 방으로 이루어짐. 각 방은 다음과 같이 특정의 주제 도서실로 할당되었음:

① 역사관계 자료: 역대 제왕에 관한 기록과 전기 · 조약 · 왕의 서신 · 장군과 무관에 대한 명령서.
② 지리적인 자료: 도시와 여러 나라의 일 · 하천과 산맥에 대한 기술 · 각 지역 생산물의 리스트.
③ 상거래 관계 책과 계약서.
④ 신화와 전설.
⑤ 과학과 擬似科學에 걸친 점성술, 생물학, 수학, 博物 관계의 저술.

3) 점토판의 보관 및 배열
① 흙으로 만든 항아리에 보관되어 정연하게 배열됨.
② 각 점토판에는 그것이 어느 항아리나 서가, 방에 속하는 것인가를 나타내 주는 식별표(identification tag)가 붙어 있었음.
③ 그 방에 보관되어 있는 저작의 리스트가 방 입구의 벽에 표시되어 있었음.
④ 記述目錄35)과 흡사한 것이 각 방문 가까이에 있는 점토판에 새겨져 있었음(여기에는 그 저작의 타이틀과 점토판 번호, 표제어, 중요한 章節, 소장번호나 분류번호가 기재됨).

---

34) 비록 도서관은 파괴되었지만 점토판은 거의 원형 그대로 남아 있었다. 점령자들은 궁전을 파괴했고 무너진 벽 밑에 점토판 도서관은 그대로 매장된 채로 19세기와 20세기에 고고학자에 의해 발굴될 때까지 보존되었다(교재, p. 25, 및 김세익, p. 63.)
35) 목록의 방법으로 도서를 식별하는데 필요한 사항을 기술.

4) 출토된 주요자료

「길가메시의 서사시」(Epic of Gilgamesh)[36)]에 나오는 노아의 홍수이야기, 7매의 점토판에 쓰여진 바빌로니아의 창조이야기 등등(구전으로 불완전하게 전해지던 것이 거의 완전하게 복원됨).

 ▶ 기타지역의 점토판: 히타이트인(Hittites)이 B.C. 1900년부터 B.C. 1200년까지 번영했던 그들의 수도 보가즈쾨이(BoghazkÖy: 앙카라의 동방)에 약 1만 5천점의 점토판을 남겨 놓음.

3. 고대 이집트의 도서관문화

1) 도서관 존재의 추정

'도서관의 관리인'(controller of the library) 또는 '권자본의 관리인'(keeper of the scrolls)이라는 칭호(고급관리의 묘비석에서 발견된 것임)에서 도서관이 존재했었음을 추측할 수 있다.

2) 궁전도서관

- 텔 엘 아마르나에 있던 궁전에서는 '왕궁의 기록소'에 해당하는 방에서 도서관의 자취를 볼 수 있다. - 장서는 (당시 국제적인 외교어인 설형문자로 쓰인) 점토판(파피루스 등의 장서도 있었을 것으로 추측). - 내용은 아메노피스 3세(B.C. 1400년경)와 소아시아국가 간의 통신문.

---

36) 길가메시의 敍事詩(Gilgamesh Epic): 세계에서 가장 오래된 바빌로니아의 서사시. 그리스의 오디세이에 비할만한 서사시로서 주인공 길가메시는 수메르, 바빌로니아 등 고대 동양 여러 민족사에 알려진 전설적 영웅으로 수메르의 자료에 의하면 우르크 제1왕조 제5대 왕이었으나 뒤에는 전설적인 인물이 되었다.

3) 寺院도서관

장서는 聖典을 위시해서 학문의 신이 만든 것으로 알려져 있는 이집트 신에 관한 책인 「토트서」(The Book of thoth)[37]가 중심이고(「토트서」에 대한 해설서와 주석서가 하나의 장서를 이루어 그 자체가 소도서관을 형성했음), 성전 이외에, 종교의식에 관한 의례서가 있었음.

4) 「死者의 書」(Book of the DeA.D.)

B.C. 13세기에 존속한 19왕조 시대에는 시체를 묻을 때에 「사자의 서」를 한 부 넣어 그가 영원으로 여행하는데 길벗이 되도록 했다. 사제는 장례식 도중에 이 책의 일부를 낭독했다. 파피루스·가죽 등으로 만든 두루마리 형태의 이 책은 장마다 '환생의 서'라는 제목이 붙어 있다. 자세하게 환생의 여러 단계를 묘사하였는데 그 단계 중의 하나에는 영혼의 무게재기가 있다. 이 그림에서는 죽은 사람의 심장이 저울의 한쪽 접시에 놓여 있고 다른 접시에는 마트의 깃털(정의와 진실을 상징함)이 놓여 있다. 두 접시가 균형을 이루어야만 좋은 평가를 받는다. 그림에서 중앙은 재칼의 머리를 한 墓地의 神인 아누비스신이 무게재기의 심판관으로 묘사되어 있고, 오른쪽에 앉아 있는 잡종 괴물인 '위대한 파괴자'는 나쁜 판정을 받은 영혼을 갈기갈기 찢어 버린다고 한다. 배경에 쓰인 상형문자는 이 광경을 서술하고 있는 것이다.[38]

---

37) 토트(Thoth): 고대 이집트의 신. 원래는 달의 신으로 달력의 계산을 주관하는 신으로 생각되었다. 나중에는 산술을 중심으로 하는 학문 일반의 신이 되고, 또한 언어를 발명했다고 생각되었기 때문에, 특히 書記, 通譯의 신으로 알려졌다. 그의 모습은 흔히 사람의 몸뚱이에 이비스(따오기 종류)의 머리를 가진 형상으로 표현되었다.

38) 「문자의 역사」, p. 33.

제2절 고대지중해세계와 도서관문화

▶ 에게문명(→ 크레타문명 → 미케네문명) ⇒ 그리스(→ 알렉산더) ⇒ 헬레니즘 ⇒ 로마(→ 중세).

1. 고대그리스의 도서관문화(현존하는 고대 그리스의 도서관 유적은 없다)

1) 페리클레스(Pericles, B.C. 495-429)[39) 시대: 도서의 거래가 발달.

2) B.C. 4세기 초: 학자와 지식인들 사이에 개인장서의 수집이 빈번해짐.

3) 플라톤과 아리스토텔레스 시대: 도서관이 본격적으로 발달했을 것으로 추정

{플라톤(Plato, B.C. 427? - 347)의 아카데미학파[40)와 아리스토텔레스

---

39) 페르시아 전쟁{아테네와 스파르타를 중심으로 결속하여 마라톤전투(B.C. 490)와 살라미스해전(B.C. 480) 등에서 페르시아 격퇴} 후 아테네는 델로스 동맹의 盟主로서 강대해졌으며, 정치가 페리클레스의 지도 하에 민주정치가 발전되다가, 스파르타와의 펠로폰네소스 전쟁(B.C. 431 - 404) 중에 페리클레스는 죽고, 스파르타가 패권을 잡았다가 결국 마케도니아의 필리포스(재위기간: B.C. 359 - 336)에게 정복됨.

40) ▶ 플라톤(소크라테스의 首弟子)이 아카데미아學院을 창설하여 강의했기 때문에 붙여진 이름.
  ☞ 소크라테스(B.C. 470-399): 소피스트의 懷疑論이 아테네의 청년들에게 주는 해독을 염려한 나머지 스스로 街頭에 나가 그의 독특한 對話法으로써 상대방의 그릇된 점을 지적하고, 그들이 자랑하고 있는 지식이 얼마나 천박한 것을 자각시키고, 無知의 自覺에서 출발하여 진정한 지식에 도달하는 데 힘썼다. 그의 목적은 도덕적 학문적 연구보다도 선량한 시민들에게 필요한 도덕적 교양을 가르쳐 주는 데 있었다. 그는 도덕적 진리, 곧 善에 도달하는 第1步가 자기 자신을 아는 데 있다 하여 「너 自身을 알라」고 외쳤던 것이다. 그는 소피스트와는 달리 객관적 진리의 존재를 확신하고, 따라서 사회질서를 유지하

(Aristeles, B.C. 384-322)의 逍遙學派[41]는 학문에서 뿐만 아니라 고대문물 전반에 걸쳐 위대한 창조를 이룩하였다. 플라톤은 수학과 자연과학에 있어서 조직적인 조사연구를 하였고, 아리스토텔레스는 문헌전반에 걸쳐 수집의 완전을 기하고자 노력하는 동시에 지식분야에 대한 확고한 토대를 세우는 데 주력하였다. 따라서 이들은 상당한 규모의 도서관을 설립했었을 것으로 추정된다. 특히 아리스토텔레스는 조직적인 문헌수집을 통하여 문헌과 문헌사의 원칙을 세웠을 뿐만 아니라 제자인 알렉산더대왕[42]을 통하여 간접적으로 자신의 이상을 성취하였던 것이다}.

4) 파피루스 卷子本
- B.C. 7세기에 그리스에 전래되어, B.C. 5세기에는 사용이 일반화되었다.
- 最古의 그리스 파피루스는 B.C. 4세기의 것으로 주로 알렉산드리아시대의 것(알렉산더대왕이 이집트를 광대한 판도 속에 합병한 시기[43])이다.

는 데 필요한 권위, 곧 국가법률도덕 등을 종중하여, 스스로 독배를 마셔 몸소 국법을 엄수하기도 했다.
☞ 소피스트(Sophist: '知者'): B.C. 5세기경 아테네의 정치가 크게 발달하자, 辯論과 修辭學을 가르치는 소피스트(소피스트의 대표자인 프로타고라스는 '인간은 만물의 척도'라 하면서, 절대적인 진리를 부정하였다)가 나타나, 학문의 연구 대상이 자연에서 인간으로 바뀌었다.

41) 아리스토의 학파가 逍遙하면서 思索하였기때문에 붙여진 이름.
42) 아리스토텔레스가 "외국인은 노예가 되기 위하여 생긴 것이다. 그리스인에 대하여는 부모형제와 같이 대하고 외국인에 대하여는 이를 짐승과 같이 취급하라"고 한 것에 반하여, 알렉산더는 "모든 사람은 노예를 자기의 母國民과 같이 생각하라. 선한 사람은 부모와 같이 대하고 악한 사람은 짐승과 같이 취급하라"고 하였다. 조그마한 폴리스의 테두리 안에서 민족적 우월감에 빠져 있던 아리스토텔레스와 세계의 모든 민족을 다 같은 동포로 생각한 알렉산더와는 너무나 대조적이다. 이 코스모폴리타니즘(世界同胞主義)이야말로 알렉산더의 제국통치의 基調가 되었던 것이다.
43) B.C. 334년에 알렉산더가 동방원정을 시작하여 10년 만에 이집트·페르시아(아케메네스왕조)·인더스 유역까지 정복했다.

2. 알렉산드리아 도서관

1) 알렉산드리아

알렉산더제국의 몰락44)후 프톨레마이오스Ⅰ 세(PtolemiosⅠ, B.C. 367? - 282)가 나일강 계곡에 왕국을 세우고 새로 정한 수도. - 세계최대의 상업도시이며, (B.C. 3세기 이후에는 그리스의 아테네를 대신해서) 헬레니즘 학문45)의 중심지로 성장.

2) 알렉산드리아 도서관

프톨레마이오스Ⅱ 세(PtolemaiosⅡ, B.C. 309 - 246) 때 이룩. - 방법을 가리지 않고 문헌수집.46) - 정리·배열하여 주석을 붙임 {Callimachus (B.C. 305 - 240)는 「피나케스」(Pinakes)47)라는 목록을 완성함}. - 문헌센터의 역

---

44) 알렉산더 사후, 지중해 지역은 마케도니아·이집트(프톨레마이오스왕조)·시리아로 분열했다가(이상의 3국외에 소아시아의 페르가몬, 소아시아 西南端의 로도스 등이 있었다. 이 두 나라는 小國이지만 동서교통의 요로에 있었으므로 중개무역으로 번영하였다) 로마에 차례로 정복당하고, 서남아시아 지역엔 파르티아 제국이 일어났다가, B.C. 226년 사산朝 페르시아에 멸망되었고, 이는 다시 651년 이슬람제국에 멸망되었다.

45) 알렉산드리아 학자들의 업적의 하나는 히브리어의 구약성서를 처음으로 희랍어(希臘語)로 번역한 일이다(김세익, p. 77.)

46) 예를 들면 알렉산드리아 항에 寄港하는 화물선이나 商船이 도서를 가지고 있으면 이를 무조건 압수. 또한 아테네로부터 비극 작가의 저작들을 빌려다가 이를 복사하고 반환할 때에는 원본 대신 그 복사본을 보냈다고도 함. 이렇게 수집한 권자본(papyrus roll)은 수십만에 달했다(김세익, p. 76.)

47) ① Pinakes목록: Pinakes는 Alexandria도서관의 장서 중에서 기원전 3세기 중엽 Greece고전의 저술가와 그들의 저작들을 수록한 120권의 권자본으로 이루어진 list이고, 당시 Alexandria도서관이 수장한 50만권으로 추정되는 장서의 유지관리 및 이용에 편리를 위해서 자료를 Callimachus가 8개 주제(수사학, 역사, 법률, 철학, 잡서, 의학, 敍事詩, 비극 등으로 추정)로 구분하여 정리한 Alexandria도서관 장서의 분류목록으로 도서관 목록형식의 嚆矢이다(주제별로 구분된 각 주제 하에 저자명의 알파벳순 배열. 각 저자에 대해서는 간단한 傳記와 그들의 저작을 열거. 각 저작에 대해서는 서명과 그 저작의 첫 구절과 行數를 기재).

할 담당.

3) 도서관 藏書의 興亡
① 뮤세이온(Museion: 王立學士院)[48]의 장서: 알렉산드리아도서관의 두 개의 장서 가운데 큰 쪽으로 부르케이온(Burcheion)으로도 불리었음. - B.C. 47년 시저(Caesar)가 알렉산드리아를 정복했을 때 파괴됨(세라핀온이 도서관 센터가 됨).
② 세라페이온(Serapeion): 이집트의 國民神인 세라피스(Serapis)의 신전에 부설된 것. - 서기 391년 테오도시우스(Theodosius) 命[49]에 의해 파괴되었을 것으로 추정됨(그리스도교를 국교로 삼고 있던 테오도시우스 치하에서 안티오키아의 대사교 테오필루스(Theophilus)의 지휘에 의해 세라피스의 사원이 파괴되었음).

3. 페르가몬도서관

▶ 알렉산더 사후, 지중해 지역은 마케도니아 · 이집트(프톨레마이오스왕

---

② Callimachus(B.C. 305 - 240): Greece의 문법학자, 언어학자, 고전학자로도 알려져 있는 인물로 이집트의 Alexandria도서관에서 약 20년(B.C. 260 - 240)간 관장으로 있으면서 자료를 수집하여 주석과 교정에 힘썼으며, 도서관원으로서 도서관 역사상 최초로 알려진 인물이기도 하다.
③ Pinakes의 語源: Greece어 Pinax의 복수형으로 Pinax는 일 매의 점토판을 의미한다. Pinakes는 점토판의 자료를 보관하고 있는 벽면에 설치된 서장(書場)에 자료를 모아 놓은 상태를 의미하는 말이라고도 한다. 그러나 Alexandria도서관에서 말하는 Pinakes의 의미는 점토판이 아닌 파피루스에 의한 것이기 때문에 "서가의 상부에 붙은 게시판으로 서가 위에 놓인 자료의 안내판의 의미"를 가진 것이라고 해석하기도 한다(김남석, 『자료목록학』, p. 115.)
48) 아테네의 아리스토텔레스학파에서 배운 학파 또는 학자의 집단인 세계최대의 연구기관임(김세익, p. 28.)
49) 313년: 콘스탄티누스황제, 밀라노 勅令(크리스트교 公認).
   380년: 테오도시우스황제, 正敎信奉令(크리스트교 國敎 指定).
   392년: 테오도시우스황제: 他宗敎 嚴禁.

조)·시리아로 분열했다가(이상의 3국외에 소아시아의 페르가몬, 소아시아의 로도스 등이 있었다. 이 두 나라는 小國이지만 동서교통의 요로에 있었으므로 중개무역으로 번영하였다), 로마에 차례로 정복당하고, 서남아시아 지역엔 파르티아 제국이 일어났다가 B.C. 226년 사산朝 페르시아에 멸망되었고, 이는 다시 651년 이슬람제국에 멸망되었다.

1) 도서관의 흥망

소아시아의 북서부에 위치한 페르가몬에 도서관을 설치한 것은 아탈루스 Ⅰ세(Attalus Ⅰ, B.C. 296 - 197)였으며, 확장시킨 것은 에우메네스 Ⅱ세 (Eumenes Ⅱ, B.C. 197 - 159)였다. B.C. 41년의 전쟁에서 로마의 지배자 안토니우스50)에게 져서 알렉산드리아 도서관에 흡수되었고, 나중에는 안토니우스의 愛人인 이집트의 클레오파트라에게 증정되었다고 전한다.

2) 양피지

페르가몬에서는 수백 년에 걸쳐 무두질한 가죽을 이용했었고, 이 때에 세련된 백색의 양피지를 만들었다. - 'parchment'는 필사용 가죽을 대규모로 처리했던 도시인 페르가몬에서 나온 페르가몬의 紙片(charta pergamon)에서 유래했다.

4. 책자본의 발전

▶ 파피루스·양피지卷子本(단점: 펴서 읽고 다시 말아야 됨) ⇒ 로마제

---

50) 케사르가 죽은 뒤(B.C. 44년 브르투스에게 피살됨), 그의 조카이며 상속자인 옥타비아누스가 統領이 되어 케사르의 친구 안토니우스와 레피두스와 동맹을 맺어 3頭政治를 열었다. 그 뒤 레피두스는 실각하고 안토니우스는 이집트여왕 클레오파트라(프톨레마이오스왕조의 마지막 여왕으로 케사르가 임명했음)와 손을 잡고 옥타비아누스에 대항하였으나, B.C. 31년 악티움海戰에서 패하여 자살하였다(『세계문화사』, p. 102.)

국 초기(B.C. 50년경)에 책자본 형태의 양피지 코덱스(codex)로 발전. →
A.D. 1세기에 파피루스에 책자형태를 적용하려는 시도가 이루어짐. - 4세
기에는 양피지 코덱스가 서사재료의 대부분을 차지. - 5세기 이후에는 파
피루스 권자본도 대부분 책자본으로 바뀌었음(책자본이 등장하면서 권자
본에서는 불필요했던 張數賦與(folitaion)가 도입된 것이 특징이다).

5. 로마시대의 도서관문화51)

1) 로마의 세계정복
로마인은 세계를 정복하고(A.D. 116)52), 로마의 장군들은 그리스인의

---

51) ▸ 로마의 略史 : B.C. 8세기경 이탈리아인의 일파인 라틴인이 티베를 강변에 도시
　　국가를 세웠다. 초기에는 선주민 에투루리아인 왕의 지배를 받았으나, B.C. 509
　　년에 이를 몰아내고 공화정을 세웠다.
　※ ⇒ 초기의 공화정에서는 2명의 집정관과 원로원 의원 등이 관직을 독점. ⇒ 平民
　　　會의 조직과 그 대표자인 護民官의 선출(B.C. 495)로 민주화의 진전. ⇒ 포에
　　　니전쟁(B.C. 264 - 146, 카르타고 정벌)
　　⇒ 오리엔트정벌(마케도니아·소아시아·그리이스 <B.C. 30>, 시리아 <B.C. 63>,
　　　이집트 <B.C. 30>를 정복)
　　⇒ 삼두정치(共和政과 帝政의 과도적 형태), {제1차 삼두정치(B.C. 60 - 45: 평민
　　　파 카이사르, 귀족출신 폼페이우스, 富豪 크라수스가 로마를 3분할)의 전개
　　　→ 카이사르의 독재(B.C. 45 - 44: 군주정을 꾀한다 하여 공화파에 암살됨) →
　　　제2차 삼두정치(B.C. 43 - 31: 카이사르의 양자 옥타비아누스·레피두스·안
　　　토니우스가 다시 로마를 구분) → 옥타비아누스의 지배권 장악(옥타비아누스가
　　　악티움해전에서 안토니우스를 격파)}
　※ ⇒ 帝政의 시작(B.C. 27: 옥타비아누스는 원로원으로부터 '아우구스투스', <존엄
　　　한 자>의 칭호를 받고 全權을 장악) ⇒ 로마의 평화(Pax Romana) → 아우구스
　　　투스 시대(B.C. 27 - A.D. 14) → 5현제 시대(96 - 180)
　※ ⇒ 군인황제 시대(235-284:본국과 속주의 군대가 세력을 키워 멋대로 황제를 폐
　　　립하였다.)
　　⇒ 동서분열(395) ⇒ 서로마멸망(게르만 용병대장 오도아케르에 의해 476년 멸망)
　　⇒ 동로마멸망(오스만투르크에 의해 1453년 멸망).
52) 로마의 영토는 트라야누스 시대(98-117)에 최대로 확장되어, 브리타니아(영국)에서
　　사하라 사막에까지 이르렀으며, 확장된 영토 각지에 로마의 군단이 설치되었다.

도서장서를 로마로 가지고 돌아옴. ⇒ 서적상(bibliopola =book dealer)의 발달(서적상은 도서를 서사할 수 있도록 교육된 노예를 두었음).

2) 帝國시대의 書籍商
로마와 그 밖의 도시에서 서적상이 번성함. - 서점이 번화가에 자리를 잡게 되고, 저자와 학자의 만남의 장소가 됨. - 서적상은 출판을 겸함. - 로마 출판업의 특징: 저자는 무보수였고, 출판사는 저작의 독점권이 없었으며, 저자는 같은 저작의 출판을 다른 출판사와 자유로이 약속할 수 있었음.

3) 도서 蒐集家
- 사적인 로마의 수집가는 공화국의 후기와 제국시대를 통하여 계속 증가 하여 愛書家(Bibliophile)의 유행을 보임. - 로마인의 名家들은 品位用으로 수천 점의 권자본을 장서로 갖춤(부유한 집은 별장에도 도서관을 가지고 있었고, 책의 내용에는 무관심했으며, 문고는 사치스럽게 치장되었음). - 장서는 그리스어와 라틴어 부분으로 구분됨.

4) 公共圖書館
- 시저의 건립계획: 시저(B.C. 100-44)는 『도서관론』(De Bibliothecis)을 쓴 바로(Varro, B.C. 116-27)의 협력으로 알렉산드리아도서관을 모델로 하여 로마에 도서관을 건립할 계획을 세웠다가 꿈을 이루지 못하고 세상을 떠남.
- 최초의 공공도서관 건립: B.C. 39년 폴리오[53]가 로마의 '自由의 神殿'(Libertas temple)에 설립.
- 아우구스투스 治下의 2개의 도서관: - 팔라틴(Palatine) 도서관: B.C. 28년 팔라틴 언덕의 아폴로신전에 설립. 옥타비아(Octavian) 도서관:

---

53) 시저의 친구인 아시니우스 폴리오(Asinius Pollio, B.C. 75 - A.D. 5)가 B.C. 39년경 아벤티누스의 언덕에 건립(김세익, p. 79.)

B.C. 33년 마르스(Mars) 평야의 쥬피터신전의 옥타비아 홀에 설치됨.
- 도서관 직원은 'librarii'라 하였으며, 그 책임자는 기사 계급에 속하거나 황제로부터 자유민으로 된 사람이었음.

제3장 中世의 도서관문화

1. 중세의 역사

1) 중세의 기간
로마(서로마제국)의 멸망(476년)으로부터 동로마(비잔틴)제국의 멸망(1453년)까지의 1천년 정도의 기간.

2) 중세의 문화
고대 그리스·로마의 고전적인 업적과 르네상스54)로 불리는 시대 사이의 문화적으로 공허한 시대(암흑시대)로 '로마카톨릭문화'55)(서유럽세계를

---

54) 르네상스: '재생'이란 뜻임. 14세기경부터 이탈리아를 중심으로 고대 그리스와 로마의 고전문화를 부흥하고, 이를 바탕으로 새로운 근대문화의 창조를 뜻함.

55) ① 게르만 족의 이동: 훈족의 서진이 계기. 서고트 족의 동로마 침입(375) ⇒ 각지에 게르만 족의 왕국 건설 ⇒ 서로마 멸망(476) → 지중해 시대의 종말(서양세계의 중심은 유럽내륙으로 이동)
   ② 프랑크 왕국의 발전: - 게르만 국가의 단명(수적·문화적 열세). - 프랑크 왕국의 성립과 발전(클로비스의 건국<메로빙거 왕조 시작>. → 宮宰 카롤루스 마르텔의 실권 장악과 이슬람군 격퇴 → 피핀(마르텔의 아들)의 즉위로(교황에 토지 헌납) 카롤링거 왕조 시작. - 카롤루스 대제(751-843): 활발한 정복과 내정개혁 → 교황으로부터 서로마황제의 관을 받음(800). - 프랑크왕국의 분열: 카롤루스 사후 내분 베르됭 조약과 메르센 조약으로 3분됨(동프랑크·서프랑크·이탈리아) → 동프랑크 오토 1세는 신성로마제국 황제로 대관됨(962).
   ③ 노르만 족의 활동: - 프랑스 침입(프랑스 서북부를 점거하여 노르망디 공국 세움<911>). - 잉글랜드 침입(노르망디 공국의 윌리엄이 정복. → 노르만 왕조 시작<1130>). - 지중해 진출(이슬람군 격파하고 양 시칠리아 왕국 건설 <1130: 시칠리아와 남 이탈리아>). - 러시아 침입(노브고로트 왕국과 키예프 공국 건설 <882: 러시아의 기원). - 원주지(노르웨이·스웨덴·덴마크 왕국 세움).
   ④ 카톨릭 교회의 발전: - 교회의 동·서 분열(비잔틴 황제 레오 3세의 성상 <크라이스트·마리아·순교자> 숭배금지령(= 우상파괴령) <726>을 계기로 분열되기 시작) → 프랑크의 카롤루스 대제가 동로마제국으로부터 로마교회의 독립을 보

통합한 프랑크족이 로마문화와 게르만 문화를 융합한 것)를 형성, 동로마
제국의 '비잔틴문화'56)와 아랍인의 '이슬람문화'와 공존.

장…11세기에 완전 분리(<그리스 정교: Greek Orthodox와 로마 카톨릭:
Roman Catholic>. - 교회의 세속화(대토지 소유, 성직자의 지배층화, 성직 매매
등 타락 … 수도원의 개혁 운동 <10세기의 클뤼니 수도원이 대표>). - 황제와 교
황의 대립(성직자 임명권 둘러싸고 대립 … 교황 그레고리우스 7세와 황제 하인
리히 4세의 충돌 … 황제의 굴복 <1077: '카노사의 굴욕 사건'> … 13세기의 교
황 인노켄티우스 때 전성기 <교황의 제창으로 십자군 원정이 단행되었고, 13세
기 초 교황 인노켄티오스 3세 때에는 서유럽의 모든 군주들이 교황 앞에 무릎
을 꿇었고, 교황과 황제가 '해와 달'에 비유되었다). … 교황권의 쇠퇴 (<아비
뇽幽仄: 1309-1377> 십자군 전쟁 후 프랑스 왕 필립 4세가 교황을 프랑스의
아비뇽에 옮김). … 교회 개혁운동(14세기 말 영국의 위클리프와 보헤미아의 후
스) … 종교 개혁 운동.
- 중세 초의 로마 교회: 서로마 멸망 후 비잔틴 황제가 교회를 지배하였으나,
곧 3대 교구(알렉산드리아·안티오크·예루살렘)가 이슬람 수중에 들어가, 콘스탄
티노플과 로마 교구만이 남게 되었다. 이 중 로마 교회는 베드로로부터 이어지
는 정통성(로마는 베드로의 순교지, 로마 주교는 베드로의 계승자로서 교황
(Pop)이라 불렸다)을 주장하면서 우위를 주장하였다
56) 1. 비잔틴제국: 首都 콘스탄티노플(현재의 이름은 이스탄불)의 원명 비잔티움(동·
서로마 분열 <395> 이전 콘스탄티누스 황제<284-305> 때 로마에서 비잔티움
으로 천도했음)을 따라 비잔틴 제국이라 불린다. 서유럽과 달리 비잔틴 제국에
서는 황제권이 강대하여 교회가 황제의 지배 하에 있었으며, 수도 콘스탄티노
플은 삼면이 바다로 둘러싸인 천연의 요새지로서 이민족이 침범하지 못했을
뿐만 아니라, 유럽과 아시아를 연결하는 교통의 요지이며 상공업의 중심지로서
번성하여, 이를 수도로 한 비잔틴 제국은 서유럽과 다른 독자적인 세계를 형성
하였다.
    2. 비잔틴제국의 성쇠
    1) 비잔틴제국의 특색: 강대한 황제권(황제 교황주의: 황제는 종교의 수장). 상
       공업 번영(동서 무역 중심지), 군관구제(전국을 31개의 군관구로 나누고 사
       령관에게 군사·행정의 양권을 부여)와 둔전병제(군복무 농민에 토지 지급하
       여 자영농 육성) 실시.
    2) 유스티니아누스 대제(527 - 565): 반달·동고트 왕국 정복, 서고트 왕국 공격,
       로마법 집대성. 성 소피아 성당 수축, 양잠술 보급.
    3) 유스티니아누스 사후의 정세: 롬바르드·프랑크·사산조 페르시아·이슬람
       교도·슬라브족 등 침입 → 영토 축소(발칸·소아시아).
    4) 제국의 소망: 10세기부터 대토지 사유 성행 → 황제권 약화, 자작농 몰락, 상
       공업 쇠퇴. 오스만 투르크에 멸망됨(1453)

3) 중세의 경제

봉건제도57)의 확립(프랑크왕국의 지지로 권위가 높아진 로마카톨릭과 함께 유럽중세사회를 지탱하는 兩人支柱가 됨).

4) 중세의 후반

십자군전쟁58) 이후 교회와 교황의 권위가 하락, 그리스도교의 세속화,

---

5) 비잔틴제국의 의의: 고전(그리스·로마) 문화를 계승·보전하여 서유럽에 전해
   줌(르네상스에 영향). 이슬람 세력을 막아주는 서유럽의 방파제.
3. 비잔틴 문화와 그 영향
   1) 비잔틴 문: 고전 문화＋크리스트교＋동방문화. 유스티니아누스 황제의 법전
      편찬. 모자이크 벽화가 특색인 성 소피아 성당, 세밀화 등 유명.
   2) 비잔틴의 학문: - 그리스 고전 연구(총주교 포티우스의 필사본 해설). - 황제
      콘스탄티누스 7세(백과사전 편찬, 대학 육성).
   3) 비잔틴 문화의 영향: 중세 초의 서유럽에 큰 영향을 줌. 동 유럽에 더 큰
      영향 끼침(그리스 정교로 개종, 비잔틴 문화 수용).
57) ① 봉건제도: - 배경: 서유럽에서는 프랑크 왕국 말기부터 내부의 분열과 이민족의
    침입으로 법과 질서의 유지가 어렵게 되자 사람들은 자신을 지키기 위하여 무
    력을 갖추거나 힘있는 자에게 의존하게 됨. → 각지에서 일어난 무사들이 치안
    을 유지하고 외적을 막는 한편, 농민을 예속시켜 그 지역의 사실상의 지배자가
    됨. → 이들의 지배체제로서 성장한 것이 봉건제도. - 체제: 직업적인 전사계층
    으로 등장한 무사(기사)들이 주종관계를 맺고, 封土(fief)로 받은 莊園(manor)
    의 領主로서 농민을 지배하는 체제임. - 주종관계:騎士(knight)가 자기보다 유
    력한 기사를 主君(lord)으로 섬겨 충성을 맹세하고, 군역을 비롯한 봉사와 조력
    을 제공하는 대신, 주군은 이를 封臣(vassal)으로 삼아 보호하고, 봉토를 주어
    부양하는 관계였다. 이러한 관계는 위로는 국왕과 제후 사이에서 다시 제후와
    하급 기사들 사이로 여러 겹으로 맺어져, 봉건제의 피라미드를 이룸. 모든 무
    사는 같은 신분에 속했으며 주종관계는 雙務적 계약관계였으나 점차 세습되고
    기사들은 영지의 실질적 통치자가 되어 봉건 사회를 지배하는 특권 귀족층을
    형성하게 됨.
    ② 봉건제도의 특색: 정치적 → 지방분권, 군사적 → 주종관계, 경제적 → 장원제도.
58) 十字軍 遠征
    1) 遠征의 계기: 셀주크 투루크가 예루살렘을 점령하여(1071), 순례자들을 박해하
       고 콘스탄티노플을 위협하자, 비잔틴 황제는 로마 교황 우르반 2세에게 구원
       요청
    2) 원정의 시작

수도원의 몰락, 상공업과 도시 발달, 시민계급 성장, 대학제도 탄생.

2. 도서관 문화

1) 도서관: 거의 종교적인 도서관으로 수도원·대성당·교회의 보호아래 팽창.
2) 도서관자료: 파피루스 권자본 대신에 양피지 필사본이 주종을 이루게 됨.
3) 수도원59): 교육 · 연구의 중심지로서 도서관문화 형성에 중요한 역할

---

(1) 교황의 원정제의: 클레르몽 종교 회의에서 교황이 성지 회복을 제창하자, 국왕 · 제후 · 기사는 물론, 농민·상인들도 모여들어, 200여 년간(1096-1270) 수차례에 걸친 대원정이 전개됨.
(2) 원정참가의 세속적 동기
 · 교황: 성지탈환으로 동 · 서 교회 통합 → 교황권 확대
 · 국왕 · 제후: 새로운 영토와 전리품의 획득
 · 상인: 비잔틴·이슬람 상인 누르고 동방무역 확대코자
 · 농민: 십자군 참가에 따른 신분 향상과 부채의 면제
3) 원정의 경과
(1) 성지회복 실패 : 제1회 십자군은 성지를 탈환하고 에루살렘 왕국을 세웠으나(1099), 다시 이슬람교도에 빼앗겼으며(1187), 계속된 원정에도 되찾지 못했다(제5차 십자군 때 일시 회복했으나(1229) 곧 빼앗겼다).
(2) 실패원인 : 원정이 거듭됨에 따라 초기의 종교적 정열은 식고 경제적 이익과 정치적 동기가 더 큰 비중을 차지하였다.
4) 원정의 결과: 봉건 사회 붕괴를 촉진
 · 경제면: 상공업의 번영(십자군 수송을 통해 동방 무역이 열리고 화폐 경제와 도시의 발달이 촉진됨).
 · 종교면: 교황권의 쇠퇴(원정 초기에는 교황권의 권위가 높아졌으나, 후기부터는 권위가 떨어지기 됨).
 · 정치면: 왕권의 신장(장기간의 원정으로 제후·기사들은 몰락한 반면, 국왕의 세력은 강화되었다 : 국왕은 제후들이 남긴 영토를 몰수하고, 원정을 구실로 임시 세금을 거두는 등 왕실 재정을 늘려 왕권을 강화할 수 있었다).
 · 문화면: 유럽인의 시야 확대(이슬람·비잔틴 문화와 접촉함으로써 서유럽 문화 발달에 자극을 받음).

을 함.

4) 성서60): 모든 도서관의 기본장서(典禮와 성서해석에 관한 책이 추가되고, 중세 후기엔 신학자들의 저서와 세속적인 문헌도 포함하게 됨)를 이룸.

5) 대학도서관: 중세후기 도서관문화의 중요한 역할을 담당.

6) 이슬람세계: 이슬람 사원을 중심으로 도서관시설이 갖추어짐.

---

59) 교회가 세속적으로 세력을 높이고 원시 그리스도교의 순수성을 잃고 있을 때에, 결혼·재산 등 일체의 욕망을 끊고 극기, 自制의 수행을 쌓는 것이 자기의 영혼을 구하는 所以라고 생각한 사람들 사이에 수도사의 생활이 시작되었다. 수도사의 생활은 오리엔트에서 먼저 일어났으나, 그들의 생활은 一身의 구제만을 생각하여 극도의 금욕과 고행에 빠져 너무나 고독하고 비활동적이었다. 그러나 수도사의 생활이 서방에 전해지자 공동생활과 세상과의 교섭이 시작되어 사회적으로 큰 의의를 가지게 되었다. 서유럽에서는 6세기 초에 성베네딕투스가 로마의 남쪽 몬테카시노에 수도원을 세운 것이 그 처음이다.

60) 성서(Bible): 성서라는 이름은 원래 '책들'을 뜻하는 그리스어 비블리아(biblia)에서 온 것이다. 성전으로서 그리스도교의 성서는 구약성서(Old Testament)와 신약성서(New Testament)로 이루어진다. '舊'는 그리스도 이전을 가리키고, '新'은 그리스도 이후의 내용이며, '約'은 인간에 대한 신의 구원의 계약을 의미한다. 구약은 '옛 언약'이며, 신약은 '새 언약'을 뜻한다. 구약은 모세를 중심으로 이스라엘 백성에게 주어진 신의 약속이며, 신약은 그리스도의 복음을 통하여 주어진 신의 약속이다. 구약과 신약을 '성서'라고 부른 것은 크리소스톰(345 - 407)이 최초이다.

제1절 초기의 그리스도교61) 도서관

1) 3세기 이전의 그리스도교 도서관

① 도서관의 장서: 그리스도교는 聖書라는 하나의 책의 기록문헌(다른 문헌은 배척했음)을 중심으로 발달한 최초의 종교. - 예배당이나 개인의 장서, 신학학교의 자료실이라는 3가지 모습을 취함.

② 예루살렘의 도서관: 에우세비우스62)의 『教會史』에 예루살렘도서관이 연구를 위한 장서로 묘사되어 있음.

③ 케사리아의 도서관: 오리게네스에63) 의해 설립(230년경) ⇒ 팜필루스 (254년 오리게네스를 이어 케사리아의 司敎가 됨)에 의해 발전(·도서관의 상황: 310년에는 3만권의 장서가 있었고, 외부의 이용에 개

---

61) ① 그리스도교의 沿革: - 원래 셈系 아라비아의 유목민이었던 헤브라이인(Hebrems: 가 나타나기를 기다렸다. 이들의 종교가 유대교이며, 이들의 신앙과 역사를 기록한 것이 구약성경이다. - 아우구스투스 시대에 로마의 속주가 된 팔레스타인 지방에서는 외국의 지배하에 시달려온 유대인들이 메시아의 출현을 고대하고 있었다. 이 때 예수(Jesus: B.C.4 - A.D.30)가 나타났다. 그는 유대교의 배타적 선민사상과 형식화된 율법사상을 배격하고, 넓은 사랑과 진실한 믿음에 의한 영혼의 구원을 설교하였다. 예수를 따르는 자들은 그를 구세주로 섬겼지만, 이를 미워한 유대교 사제들은 그를 로마에 대한 반역자로 몰아 십자가에 못박혀 죽게 하였다. 그 뒤 그의 가르침은 그의 부활을 믿은 베드로와 바울 같은 사도에 의하여 제국안에 널리 전해 졌다. 이리하여 각처에 신도들의 모임을 중심으로 교회가 생기고, 크리스트(Christ란 원래 '기름부워진 자'란 뜻으로 헤브라이어의 메시아란 말을 그리스어로 옮긴 말이다)의 복음과 사도들의 행적과 서한을 모은 신약성경이 편찬되었다.
　② 니케아 종교회의(325): 콘스탄티누스황제는 니케아 종교회의를 열어 아타나시오스의 삼위일체설(聖父·聖子·聖靈을 동질동격으로 주장)을 정통신앙으로 채택하고 크리스트의 人性을 강조한 아리우스를 강조한 아리우스파(크리스트를 '신에 가까운 인간'으로 인식함)를 이단으로 규정.
62) 에우세비우스(260? - 340?): 그리스의 신학자. 315년 케사리아의 사교를 지냈고, 케사리아 도서관의 사료를 이용하여 서기 324년까지의 『교회사』를 저술했다.
63) 오리게네스(Origenes, 185? - 254?): 알렉산드리아 학파의 대표적 신학자. 오리게네스의 신학사상의 근본은 그리스도교와 그리스 철학을 조화·종합시키는 데 있었다.

방적이었으며, 넓은 書寫室이 부속되어 있었고, 각지의 수요에 따라 성서를 필사하였다). ⇒ 에우세비우수 시대(파피루스를 사용한 필사본이 거듭된 이용으로 인하여 상당히 손상을 입게 되었으며, 보다 보존이 나은 양피지에 바꾸어 쓰는 것이 퍼지게 됨) ⇒ 페르시아군 침입 때 파괴된 것으로 추정(614년).

2) 4세기 이후의 그리스도교 도서관
- 敎皇도서관: 신자와 순례자를 위하여 성서와 교의의 문헌을 제공하는 시설로서 4세기에 시도되었는데, 5세기에 반달족의 습격으로 파괴됨 (후의 바티칸 도서관으로 이어지는 것은 아님).

제2절 修道院의 설립과 도서관문화

1) 교육의 확대
  중세초기의 유일한 지식계급인 그리스도교 성직자들의 교회를 무대로 한 소규모의 학교에 의해 이루어짐. ⇒ 6세기의 성베네딕트[64]와 카시오도루스[65]에 의한 수도원 건설 이후 교육이 문헌을 중심으로 조직적으로 이

---

64) 성 베네딕트(St. Benedict, 480?- 543?): 이탈리아의 종교가. 로마의 남쪽 몬테카시노에 수도원을 세우고 신앙·학문·노동을 권장하였다. 그 수도원의 수도사를 위하여 정한 이른바 베네딕트戒律은 그 이후의 수도원의 계율의 본보기가 되었는데, 청빈·정결·복종을 지킬 것과 한 평생을 수도원에서 보낼 것을 서약시키고, 날마다 규칙적인 기도, 명상과 근로에 종사할 것을 규정하고 있다.
    노동(노동을 神에 대한 성스러운 봉사로 생각함)은 처음에는 농경 따위의 육체노동이었으나, 뒤에는 學藝士의 근로도 존중되었다. 학예사의 근로에는 古書의 서사가 존중되어, 이는 단순히 신앙에 관계있는 것뿐만 아니라 라틴의 고전에도 미쳤으므로, 많은 고전이 湮滅을 면하였다.
65) 성카시오도루스(487?-583?): 로마명문 출신으로 동고트족의 왕 테오도리쿠스의 대신을 역임. 만년에 남부 이탈리아에 비바리움수도원 설립. 비바리움수도원에 그리스도교 아카데미 설치.

루어짐.

2) 수도원의 역할

- 유럽의 각지에 세워진 수도원은 연구 및 교육, 문화 전승기관으로서
의 역할을 했다(수도원에 부속된 도서관에는 종교적인 문헌뿐만 아니
라 고전 등이 수집되었고, 수도사들의 종교적 신념을 바탕으로 수많
은 필사본을 만들어 내어, 중요한 문헌들이 고대에서 중세로 전달될
수 있도록 한 것은 최대의 공적이었다). - 궁극적으로 중세의 카톨릭
교회는 고전문명을 단절시키지 않고 오늘날에 전해준다는 점에서 큰
의의가 있다)

제3절 비잔틴제국의 도서관문화

1) 비잔틴의 개요

콘스탄티누스황제(306 - 337, I 세) 이후 비잔틴은 로마문화의 중심지가
됨(수도를 로마에서 비잔티움으로 천도함). ⇒ 로마의 분열(395년) ⇒ 이후
9세기에서 11세기 사이에 비잔틴 문화는 꽃을 피움(비잔틴의 교육은 옛
그리스의 문헌을 기초로 했기 때문에 고대그리스문화는 비잔틴 제국이
피난장소가 되었음).

2) 帝國圖書館

비잔티움아카데미에 설립(콘스탄티누스황제는 遷都後 비잔틴에 여러 개
의 대규모 도서관 설립). ⇒ 황제의 후원으로 당대 최대의 도서관이 됨. ⇒
5세기 후반 화재로 소실되었다가 재건되어 6세기 유스티니아누스황제66)

---

66) 유스티니아누스황제(482 - 565, 재위 527 - 565): 아나스타시우스황제가 죽은 뒤 제
위에 오른 백부 유스티니아누스황제(재위 518-527)에 의하여 고향에서 수도 콘스
탄티노플로 불리어 가서, 제국의 숨은 실력자가 되어, 백부의 죽음과 동시에 황제

의 비호 아래 가장 번성. ⇒9세기 이후 비잔틴학술의 발전에 공헌. ⇒15
세기(투르크인의 수도정복)까지 남아 있었음. - 장서: 처음엔 라틴어의 장
서로 출발, 후에는 그리스어의 고전을 상당히 수집.

3) 비잔틴의 연구수도원:
중세를 통하여 그리스학문의 본거지인 수도원 중 가장 유명한 수도원
으로 그리스고전의 연구 및 필사. - 대수도원장 테오도르(Theodor, 759 -
826)는 서사실과 도서관의 운영규칙을 편찬.

4) 비진틴제국의 도서관의 의의
고대그리스의 문헌을 후세에 전함. 서유럽보다 일찍 다른 문화에 눈을
돌림. 그리스정교67)를 동유럽으로부터 멀리 키에프공국과 모스크바공국까
지 확대하기 위한 문헌의 보관소가 됨.

가 됨. 『유스티니아누스법전』, 『로마법대전』 등을 완성.
67) 그리스정교: 동로마제국의 국교로서 콘스탄티노플을 중심으로 발달한 그리스도 교
    회. 동방교회, 동방정교회, 비잔틴교회, 동방독립교회라고도 하며, 한국의 한국정교
    회가 이에 속한다. 1054년 로마를 중심으로 하는 로마 교회(로마카톨릭교회)와 절
    연한 이래 카톨릭교회, 프로테스탄트의 제교회와 더불어 그리스도교 3대 분파의
    하나를 이루는 이 교파는 로마교황을 승인하지 아니하고, 敎義 및 의식을 중히 여
    기며, 상징적·신비적 경향이 강하다.

제4절 이슬람세계68)의 도서관문화

68) 1. 이슬람 이전의 역사: 오리엔트를 통일했던 아케메네스조 페르시아(B.C. 550 - 330)가 알렉산더에 의해 망한 다음, 파르티아제국(B.C. 248 - 226)이 일어나 재통일하였다가, 곧 이란 고원 동쪽에서 일어난 사산조페르시아(226 - 651)에 망하였다(226). 7세기에 비잔틴제국의 침입으로 약화되더니 마침내 이슬람의 침입으로 멸망됨(651)(종교면에서는 조로아스터교를 국교로 하면서도, 네스토리우스교, 유대교, 불교 등을 수용한 마니교를 창시했다).
   - 조로아스터교(拜火敎): 조로아스터가 창건한 것으로, 선과 광명의 신아후라 마즈다와 악과 암흑의 신 아리만 사이의 투쟁 끝에 아후라 마즈다가 승리함으로써 세계가 구원받는다고 가르쳤다.
   - 네스토리우스교(景敎): 5세기 중엽 네스토리우스가 그리스도교의 一派로서 일으킨 종교. 325년 니케아 종교회의(하느님·그리스도·성령의 동질동격의 삼위일체를 주장한 아타나시우스파를 정통으로 채택)에서 이단으로 규정된 아리우스파와 같이 그리스도의 神性을 부정하여 431년 페소스의 종교회의에서 이단의 낙인을 받음. 당 태종 때 중국에 전래되었다.
   2. 이슬람제국의 성립과 발전
      1) 아라비아의 정세: 원래 아랍인은 부족 중심의 유목과 대상 무역을 주 생업으로 하던 중, 6세기 비잔틴 제국과 사산조페르시아의 대립으로 새로운 동서 교통로가 아라비아 반도를 통과하게 되어 크게 번영하기 시작하였다. → 빈부 격차.
      2) 이슬람교의 성립: 유대교·크리스트교의 영향을 받아 마호메트가 창시 → 일시 메디나로 쫓겨갔다가 메카 탈환(630).
      3) 정통칼리프시대(631 - 750): 성전 전개, 사산조페르시아 정복.
      4) 옴미아드 왕조시대(661 - 750): 무아위야가 칼리프 지위 탈취, 이베리아의 서고트 왕국 멸망시킴, 프랑크 왕국에 침입.
      5) 제국의 분열: 동쪽에 압바스 왕조(탈라스전투에서 당군 격파, 하룬 알시드 왕 때 전성), 서쪽에 후 옴미아드왕조.
      6) 제국의 쇠망: 이집트의 파티마 왕조 등 독립. 왕조 속출. 압바스 왕조는 몽고에(1258), 후 옴미아드 왕조는 내분으로 멸망(1031).
   3. 이슬람 여러 나라의 변천
      - 셀주크 투르크 제국: 투르크인의 이슬람화 → 바그다드 입성(1055)하여 '술탄'(아랍어로 '왕'의 뜻)의 칭호 받음 → 대제국 건설 → 예루살렘 점령하여 '십자군전쟁' 유발 → 이후 쇠퇴하여 몽고에 멸망(1242).
      - 이란의 이슬람 왕조: 호라즘 왕조(징기스칸의 침입으로 멸망) → 일한국(몽고의 훌라구가 압바스 왕조 멸하고 세움).
      - 티무르 제국: 징기스칸의 후손 티무르가 건설(1370) → 차가타이·일한국 병합 → 明나라 원정 중에 병사(1405) → 분열되어 멸망. (이슬람문화와 중국·

1) 이슬람제국

모하메드 사거(632)한 후 후계자인 칼리프[69]들은 대규모의 원정(聖戰)을 시작하여 8세기 초에 중앙아시아, 인도, 서아프리카, 스페인에 이르는 아랍 이슬람제국을 건설.

2) 이슬람의 도서관

① 聖典인 『코란』(Koran)[70]과 함께 시작(코란이 영토의 확장과 더불어 보급됨에 이슬람세계는 아라비어의 표준화와 지식의 일반화가 가능해짐).

② 개인도서관과 학교도서관의 융성: - 번영기의 바그다드에는 가는 곳마다 도서관이 있었다. 아라비아의 역사가 오마르 알 와키디(736 - 811)는 120마리의 낙타에 실을 정도의 책을 가지고 있었다 한다. - 페르시아 국내의 주요도시에는 각 도서관이 세워짐(시인 이븐 함단 <? - 935>은 '학문의 전당'을 세웠는데, 그 곳에는 모든 분야의 책이 소장되었으며 모든 학자에게 개방되었으며, 가난한 사람에게는

이란·투르크 문화 혼합)

   - 오스만 투르크 제국: 소아시아에 살던 오스만족이 13세기말 셀주크 투르크로부터 독립. 오스만 투르크제국(1299 - 1922)을 세우고, 발칸 진출하여 비잔틴제국 멸망시킴(1453). 이집트의 맘루크 왕조 정복. 술레이만 1세 때 전성

69) 칼리프: 代理人이란 뜻으로, 마호메트가 죽은 후 선출된 政, 敎의 대권을 쥔 후계자를 말한다. 칼리프는 옴미아드조 이후에 세습제가 되었고, 이슬람세계의 지배자는 셀주크 투르크 때부터 술탄(Sultan)으로 바뀌었다.

70) ① 이슬람교: 이슬람(Islam)은 아라비아어로 절대에 귀의한다(복종한다)는 뜻으로, 메카의 隊商 출신 마호메트(570 - 632)가 유대교·크리스트교의 영향을 받아 창시한 알라를 유일신으로 하는 종교. 이슬람교는 알라신 앞에서는 누구나 평등하다고 하며, 크리스트교의 삼위일체와 달리 마호메트의 신성은 부정하였다. 계급이 없고, 교주가 정치권도 장악하며, 무력에 의한 포교를 인정하였다.

   ② 코란: 원래 '읽어 왼다'는 뜻으로 알라신의 계시를 수록한 책이다. 전 114장에 종교에 관한 것은 물론 상업, 생활 규범까지 수록한 것인데, 아랍어로 쓰여져 아랍와 아랍 문화 전파에 공헌하였다(코란은 외국어 번역이 금지되었으므로, 아랍어는 오리엔트와 북아프리카 일대의 국제어가 되었다).

종이가 무료로 지급되었다 한다).

③ 다양한 주제: 종교서적 외에도 넓고 다양한 주제를 담고 있었음.

3) 모스크(mosque)

- 이슬람교의 사원으로 민중교화의 거점. 민중에게 있어서는 예배당인 동시에 지식을 습득하는 학교이며 또한 도서관이기도 했다. - 최초의 모스크는 모하메드가 메디나로 옮겼을 때71) 설립되었음. - 모스크의 증가는 결과적으로 이슬람 사회의 도서관의 역할을 맡게 됨. - (이슬람 세계의 모스크는 종교 장소인 동시에 文獻飜譯의 장소이며, 학자의 연구 장소이며, 민중의 학습 장소였음)

4) 모스크의 도서관

- 이슬람사회의 교양이 있는 지배자와 귀족, 학자, 군인의 후원을 받음 (이들은 모스크의 장서를 풍부하게 하는 것을 재산을 가진 자의 의무로 생각). - 일반 대중도 장서를 이용할 수 있었음(도서관 자체가 처음부터 해방적인 성격을 갖고 있었음).

5) 이슬람문화

① 기본적 특징: 이슬람교라는 종교에 바탕을 둔 종교중심의 문화(본래 유목생활이 나 대상 활동에 종사하던 아라비아인들이 그들보다 문화적으로 앞서 있던 팔레스타인과 시리아, 이집트, 페르시아 등지의 주민들을 정복하여 이들을 이슬람화함으로써 이루어진 문화이다. 아라비아인들은 그들의 문화를 파괴하지 않고 오히려 이를 받아들여 하나의 종합적인 문화를 만들어 냈지만, 그러한 종합은 이슬람교라는 테두리 속에서 이루어진 것이다).

② 학문 활동: 신학과 법학, 문법학과 수사학 등 소위 아라비아 '고유

71) 헤지라(聖遷), 이 때(622년. 7월. 16일)를 이슬람력에서는 기원 원년으로 잡고 있음.

의 학문'을 중시, 아울러 '외래의 학문'을 받아 들여 이를 보존 발전시킴.

③ 종교: 그리스 철학이나 오리엔트의 과학과 양립할 수 있었음.

⇒ 이리하여 이슬람은 비진티움과 더불어 고대의 학문을 계승하고 보존하여 서유럽에 전달했던 것이다.

④ 이슬람문명의 파괴: 1258년 몽고인(훌라간 칸)의 바그다드 약탈로 파괴(몽고인 은 인명과 문화시설을 돌아보지 않았으며, 이슬람사원을 마구간으로 삼았으며, 도서관에 불을 질렀고, 필사본을 연료로 삼았으며, 제본에 사용된 가죽은 구두수선의 재료로 사용. 몽고인 중에서는 티무르(1333? - 1405)가 수도 사마르칸트에 대규모의 도서관을 설립)

제5절 종이의 기원과 전파

1) 종이의 기원

① 종이의 발명: 105년 後漢 和帝때 蔡倫이 발명.

② 중국: 최초로 종이를 만들어 이용(서기 105년). 5세기(南北朝時期)에 이르러 종이의 사용이 보편화.

③ 유럽: 독피지를 대신하는 것으로서 종이가 유럽에 들어온 것은 최초의 금속활 자가 발명되기(1445년경) 3세기 전인 12세기임(중국보다 1,000년이 뒤짐).

2) 종이 발명의 확인

1907년 스타인 卿(Sir Aurel Stein, 1862-1943)이 敦煌 근처에서 木簡・縑帛

> "白占, 書契多編以竹簡, 其用縑帛者, 謂之爲'紙'. 縑貴, 簡重, 并不便於
> 人. 蔡倫乃造意, 用樹膚‧麻頭及敝布‧魚網以爲紙, 元興元年奏上之, 帝
> 善其能. 白是, 莫不從用焉. 故天下咸稱蔡侯紙."{『後漢書』, 宦官(蔡倫)傳,
> 卷 78.}

에 쓰여진 기록과 고대 페르시아문자(Sogdian script)로 종이에 쓰여진 7
통의 편지발견으로 확인됨(이 편지에는 날짜가 나타나지는 않았으나, 함
께 발견된 다른 기록에서 그것이 늦어도 137년의 것임을 알 수 있으며,
현미경으로 조사한 결과 이 종이가 틀림없이 낡은 천으로 만들어졌다<敝
布紙>는 것이 판명됨), (현재에는 105년 이전의 종이도 발견되고 있음).

3) 105년 이전의 종이(B.C. 200여년)
① 패교지(氵霸橋紙): 1957년 섬서성(陝西省) 출토, 西漢末期.
② 금관지(金關紙): 1974년 감숙성(甘肅省)의 거연(居延) 출토, 漢代.
③ 중안지(中顔紙): 1978년 섬서성(陝西省)의 부풍(扶風) 출토, 漢代.
④ 방마탄지(放馬灘紙): 1986년 감숙성(甘肅省)의 천수(天水) 출토, 西漢.
⑤ 천지지(泉置紙): 2002년 감숙성(甘肅省)의 돈황(敦煌) 출토, 漢代.
(돈황의 천치에서 발견된 종이는 200여 종인데, 동시에 출토된 簡牘과
地層分析을 통해 西漢 武帝부터 昭, 宣, 元, 成帝 그리고 東漢, 西晋時代
의 종이임이 밝혀졌다. 이 종이들의 지질에 대해서는 주로 麻織物을 원료
로 만들어졌으며, 그 종류는 얇거나 두꺼운 흑색종이, 두꺼운 갈색종이,
얇은 백색종이, 두꺼운 황색종이 등 8종으로 조사되었다.)[72]

4) 종이와 인쇄술
인쇄술의 발전의 촉진제 역할(물론 초기인쇄본의 몇몇은 독피지에 인쇄
되었으나, 종이는 인쇄술이 발달하는 데 불가결한 조건인 양피지나 독피

---

72)『京華時報』2面, 2002년 5월 5일자.

지보다도 염가로 용이하게 사용할 수 있는 재료이었음.

5) 종이의 전파

① 서양

- 루람(樓藍:Loulan): 150년.

- 敦煌: 200년.

- 吐魯番(Turfan): 399년.

- 카시미르의 길기트: 6세기경.

- 사마르칸트: 751년.

- 바그다드: 793년.

- 이집트: 900년경.

- 아프리카 모로코의 수도 페즈(Fez): 1100년경.

- 스페인의 자티바(Jotiva): 1150년.[73]

- 이탈리아의 파브리아노(Febriano): 1270년경.

- 독일의 뉘른베르크: 1390년.

- 영국: 1494년.

- 아메리카대륙의 필라델피아: 1650년

② 동양

- 고구려(영양왕): 593년.

- 일본: 610년(高句麗僧 曇徵에 의함).

6) 종이제조법의 보급

① 서양으로의 전파: 아라비아인이 중국인 제지공을 포로로 잡아감으로
   써 751년에 종이의 제조법이 사마르칸트(후에 티무르<징키스칸의

---

73) 서방세계에는 1150년에 스페인에 처음으로 제지공장이 생김. 「종이의 천년여행」
   이란 말은 105년의 종이발명에서 1150년 스페인의 제지공장이 설치까지를 뜻한다
   (김세익, p. 57.)

후손인 티무르가 세운 회교국>제국의 수도가 됨)에서 이슬람세계로 도입.

② 종이 전파에 대한 종교의 영향 : 이슬람교도의 고대 상업루트인 유럽으로의 통로폐쇄로 종이의 전파가 이슬람권에 한정됨.

7) 주요한 종이의 공급원

① 사마르칸트: 人麻와 亞麻가 생육하여 종이제조 최적의 장소(수세기에 걸쳐 종이제조의 중심지가 되었고, 그 기술은 여러 도시로 확대됨. 793년에 칼리프 하룬 알 라시드가 중국인 제지공을 바그다드로 데려감. 곧 시리아의 다마스커스에 기술이 전해짐).

② 다마스커스: 이곳 역시 세계의 종이 공급원이 됨.

③ 이탈리아의 파브리아노: 그리스도교국 최초의 종이공장. 14세기에는 이탈리아가 유럽의 주요한 종이의 공급원이 됨.

8) 유럽에서의 종이보급

(1) 종이가 유럽에 도입된 후 수용하는 과정에 발생한 몇 가지 장애:

① 양피지가 아직까지는 유럽에서 만든 초기의 종이보다 좋은 재료였음.

② 글자를 읽을 수 있는 사람의 수가 적었음(소수의 책 이용자).

③ 교회가 종이수용에 난색을 보임(종이가 이슬람교도나 이교도에 기원을 둔 것이라는 이유로 공적인 기록과 중요한 증서는 종이의 사용을 금지하는 법령이 제정됨. 1221년의 황제 프레데릭 2세의 포고는 종이에 쓰여진 증서는 법률적으로 무효임을 명시.

(2) 이러한 장애로 말미암아 오랫동안 양피지는 君主의 위치에 있었고, 종이는 신하의 위치에 있게 되었다(따라서 종이는 중요하지 않은 저작물을 쓰는 데만 사용됨).

(3) 그러나 종국적으로는 유럽에 인쇄술이 출현함과 동시에 종이가 갖는
본래의 고유성이 햇빛을 보게 되었다(종이가 인쇄술을 성공시켰다고
한다면, 인쇄술 또한 종이의 사용을 보편화시켜 주었던 것이다).

제6절 修道院의 발전과 도서관문화

▶중세 중반에는 그리스도교의 발전과 전파에 따라 초창기의 수도원들
이 더욱 발전(특히 아일랜드의 수도사들의 전도활동은 영국은 물론
유럽대륙의 전역에 수도원의 설립을 촉진시키는 한편 필사를 통한
자료의 보급과 학문의 연구에 공헌을 함).

1) 6세기 아일랜드(아일랜드의 부족적·농업적 사회는 로마인에게도 정
복되지 않음⇒5세기 후반 영국에서 새로운 시대의 물결이 전해짐.⇒
6세기에는 많은 수도원이 생김.⇒8세기 노르만인의 침입)의 수도원

① 아일랜드의 수도원: 수도원에서는 처음부터 학문이 장려됨. - 라틴어
는 교회의 언어였지만, 일상회화와 문자에는 아일랜드의 자국어가
사용됨. - 큰 수도원에는 학교가 있었으며, 그곳에서는 성서와 교회
교부의 저작, 라틴어의 고전, 수학, 천문학이 연구됨. - 성서는 라틴
어와 그리스어로 쓰여 있었음.
② 아일랜드의 수도원의 서사실: - 서사실에서는 손으로 쓴 최초의 國
字體와 국민예술이 발달하고, 필사본 도서가 최초의 위대한 발전을
보게 되고, 필사본미술은 『켈즈의 서』(Book of Kell, 이것은 복음
서로의 필사본으로, 아일랜드의 서체와 채색의 최고수준을 보여주
는 것으로 7세기에 성콜럼바의 수도원에서 쓰여진 것인데, 데인인
의 침입으로 중단된 미완성의 것이다. 데인인이 아일랜드와 잉글랜

드를 침략했을 때 서사실의 관리인 덕택에 파괴를 면했던 것이다)
에서 절정을 이룸.

③ 아일랜드 수도사와 전도자의 영국 및 대륙으로의 진출: - 그들은 가
는 곳마다 그 특유의 글자체를 전함(寫字美術은 아일랜드의 영향으
로 크게 부활됨). - 많은 수도원 설립(그 중 성 콜럼바누스가 룩세
이유에 세운 수도원은 중요한 서사센터가 되었고, 612년경 보비오
에 세운 수도원에서는 7세기에 수도사들이 먼저 쓴 기록물의 행을
삭제하고 그 위에 종교상의 문장을 쓰게 되었다. 이것이 최초의 二
重筆寫本(palimpsest:펠럼프세스트)으로 추정됨).

④ 아일랜드인의 의의: 카시오도루스 이후 1세기반 이상에 걸쳐 서구
에 있어서 학문의 주된 전달자인 동시에 보존자이며, 장래의 카롤
링제국의 전역을 통하여 결정적인 문화요소의 보존자임(뒷날 앵글
로색슨이 여기에 가담함).

2) 7·8세기 잉글랜드74)의 도서관

---

74) 잉글랜드 略史

　① 영국의 원주민은 에스파니아에서 들어온 이베리아인인데, B.C. 6 - 4세기에 켈
트인이 침입하여 원주민을 정복(원주민과 혼혈한 켈트인 게일인과 브리튼인
두 파로 나뉘어짐).⇒B.C. 1세기경 로마군이 정복하여 이후 약 4세기 동안
지배.⇒5세기 중엽 지금의 덴마크 엘베강 하류에 있던 앵글로색슨
(Anglo-Saxon)이 영국에 들어가 土着의 켈트족을 정복하여 앵글로색슨의 7왕
국을 세웠다(449).⇒엑버트가 통일하여 잉글랜드 왕국을 세움(828).⇒850년
경부터 노르만 일파 데인인이 침입.⇒노르망디 공국의 윌리엄이 잉글랜드 정
복(1066).⇒노르만왕조 시작(1066 - 1154).

　② 켈트족: 서양 고대에 활약한 인도 - 유럽어족의 일파. 원주지는 청동기 시대의
독일 남동부, 라인·엘베·다뉴브강 유역이며, B.C. 10 - B.C. 8세기 무렵부터
이동하기 시작하여, B.C. 6 - B.C. 4세기 무렵 갈리아·브리타니아에 진출하였
다. B.C. 4세기 초에는 로마 침공하기도 하여 한때 유럽을 지배했으나, 갈리아
는 B.C. 1세기에 케사르에 의해 로마의 판도에, 또 브리타니아는 1세기에 로
마의 지배하에 들어갔다.

　③ 앵글로 색슨: 5세기에 독일 북서부에서 브리타니아로 건너온 게르만인의 한

① 수도원도서관과 교회도서관: 이들 도서관에는 승인된 종교적 자료뿐만 아니라 세속적인 저작을 소장하고 서로 대차했음.

② 잉글랜드 전도자의 대륙 전파: 대표적인 인물인 보니페이스(680 - 755)는 많은 수도원 설립에 공헌. 그중 8세기에 세워진 풀다(Fulda) 수도원은 독일의 학문과 문화의 중심지가 되었으며, 그곳의 도서관은 영국으로부터의 필사본 기증과 서사실에서의 필사에 의해 강화되었음.

3) 9세기 카롤링 르네상스기[75]의 도서관

▶ 찰스(카롤로스) 대제에 의해 북유럽이 통일되고 문화가 진흥되어 소위 카롤링 르네상스가 꽃을 피우면서 도서관 문화의 발전을 가져오게 됨.

파. 원래는 잉글랜드의 색슨인을 대륙의 색슨인과 구별하기 위해 사용되었으나 현재는 노르만인이 영국을 정복하기 전의 영국인이라는 말로 쓰인다.

④ 데인인(Danes): 8 - 11세기 잉글랜드에 침입한 노르만인의 한 파. 북 게르만족에 속하며, 노스만(북방인) · 스칸디나비아인이라고도 한다.

⑤ 노르만인(Normans): 게르만인 중에서 덴마크·스칸디나비아 지방을 원주지로 하는 일파. 북방인이라는 뜻이며, 바이킹이라고도 한다. 게르만의 이동 때에는 원주지에서 농경 · 어업 · 목축 또는 해상 약탈을 해왔으나, 8세기경 본국이 통일된 왕권을 형성함에 따라 종래의 독립적 지위를 잃은 소수장(小首長)들은 토지를 소유하지 못한 주민을 이끌고 약탈적 이동을 개시하였다. 이들은 본래 항해술에 능하고 모험심이 강한 것을 바탕으로, 세 방향으로 이동하였다. 덴마크계는 프랑크 잉글란드로 향하여 그 수장 롤로는 912년 샤를 3세로부터 센강 하류의 노르망디 지역을 봉토로 받았으며, 1066년에는 노르망디公 기욤(윌리암 1세)이 잉글랜드 정복으로 영국에 노르만 왕가를 열었다. 노르웨이계(데인인)는 영국의 동부를 지배하고 11세기에는 아이슬란드·그린란드에 도착, 그 일부는 북아메리카까지 진출하였다. 스웨덴계(루스족)는 러시아에 상륙 862년 노브고로드 공국을 건설하고, 그 일부는 지중해의 시칠리아에서 왕국을 세웠다. 이들은 원주민과 융합 · 동화하여 중세 유럽에서 큰 구실을 하였다.

75) ▶ 카롤링 르네상스기: 프랑크왕국의 피핀의 아들 카롤루스(재위: 768 - 814)가 유럽 일대를 통합하고, 크리스트교 전파, 교황이 서로마황제의 관을 수여. 그는 학교를 세우고 문예를 진흥시킴. 카롤루스 사후(카알대제의 무능한 상속자 루이 1세의 말년에 그의 세 아들사이에 영토분배로 분쟁이 일어남) 베르뎅(843) · 메르센(870) 조약으로 동프랑크(독일) · 서프랑크(프랑스) · 이태리로 분열됨.

① 카롤링 르네상스: 서로마황제로서 즉위한 프랑크 왕국의 카알대제의 궁정을 중심으로 한 일종의 고전 부흥운동. 원래는 성직자의 교양을 높이려는 순수한 크리스트교적 운동으로서 그들에게 정확한 라틴어의 지식을 가르치려는데 목적이 있었으나 결과적으로 고전의 부활, 일반 문화의 발달을 가져옴.

② 도서관 문화: -카롤링 시대에는 교부들의 저작과 이교도인 로마인이 쓴 라틴어의 시와 산문에 대한 새로운 연구가 강조됨. -이 라틴어에 의한 고전의 재발견은 대륙의 대성당과 수도원에서 필사본의 수집하는 활동을 일으킴. -찰스의 노력에 힘입어 중앙정부는 모든 종교기관의 서사실의 시설을 감독하고, 전례도서와 학술문헌에 대한 세밀한 검토와 계획적인 수집이 이루어지게 되었으며, 가장 정확한 원전을 근거로 하여 필사본을 더욱 많이 만들어 널리 배포하고자 하였다. -이 때에 이르러 모든 종교기관이 학교와 도서관을 설치하게 되었음.

③ 카롤링르네상스의 파괴: 찰스의 사후 8세기 말에서 9세기 초에 생겨났던 카롤링 왕조는 해체되고, 서유럽은 북방 스칸디나비아인의 침입을 받고, 잉글랜드에서도 데인인의 침입으로 대파괴를 겪게 됨.

4) 9-12세기의 유럽의 수도원

▶카롤링 르네상스가 찰스의 사망(814)과 함께 쇠퇴하면서 지적활동의 중심은 다시 한번 수도원으로 옮겨가게 됨. -수도원도서관의 중요성이 더욱 강조되었으며(특히 9세기에서 12세기에 걸친 기간은 도서관이 없는 수도원은 병기고 없는 성과 같다는 말과 같이 수도원에 있어서 도서관은 필수적인 존재가 되었음), 수도원도서관은 독일의 대성당도서관보다도 훌륭했음.

① 수도원도서관의 장서: 聖書와 敎父의 저작이 주를 이루었으며, 다소의 고전이 포함됨(이러한 장서는 모체 수도원으로부터의 기본 장서

나 최소한의 전례도서를 받아들이는 것이 원칙이었으며, 종교단체
나 일반단체의 기증과 수도원학교 입학생의 자료, 사망한 회원의
遺贈에 의해 장서를 증가시킴. 필사본의 가격이 비쌌기 때문에 필
사본을 구입하는 것은 흔치 않았으며, 서사실에서의 필사가 종교적
인 신념으로 이루어짐). 필사본에는 소유주 표시가 되어 있었으며,
분실을 막기 위해 소위 '冊呪文'(book curse:천벌, 저주, 불행) 이라
는 것이 붙어 있었음. - 보관: 필사본은 보물류와 함께 안전한 곳에
보관. 공공예배용으로 지정된 전례도서는 일반도서와는 별도로 보
관. - 장서의 구분: 수도사용의 내부 장서와 부속학교용의 외부장서
로 구분하여 이용하는 수도원이 많았고, 후에는 참고도서와 대출용
도서도 구분함. - 도서대출 수속: 엄격한 규정을 제정, 외부에 도서
를 대출하는 경우 예치금을 요구하기도 함.
② 수도원도서관의 쇠퇴: 12세기에는 고등교육기관으로서 역할은 대학
에 의해 수행되게 되었고, 대학에 교육의 중점을 두는 프란체스코
나 도미니크와 같은 修道會76)의 등장으로 수도원도서관은 쇠퇴의
길을 걷게 됨.

---

76) ① 修道會(乞食敎團): 교회와 수도원이 모두 세속화하고 봉건귀족화 한 데 불만을
품고 ,민중의 생활 속에 직접 파고 들어가 카톨릭교회를 구하고자 한 것이 13
세기에 에스파니아의 도미니쿠스(1170 - 1221), 이탈리아의 프란체스코(1182 -
1226) 등이 일으킨 乞食敎團의 의 운동이다. 그러나 이러한 신교단도 결국 타
락하여 14 - 15세기의 수도원은 마치 게으름장이와 비겁한 자의 소굴처럼 되어
버렸다. 이러한 경향이 근세 初頭에 종교개혁운동을 일으키게 하는 원인의 하
나가 되었다.
② 대학의 발생: 중세 초기의 유일한 지식계급은 승려, 수도사였고, 교회는 신앙의
지도기관인 동시에 학문을 연구하고 세속의 교육을 담당하는 기관이기도 하였
다. 12세기에 이르자, 교회 혹은 수도원의 부속학교로서 대학이 발생하였다. 살
레르노의 醫學校, 볼로냐의 法學校가 먼저 일어나고, 파리대학이 생겼다.

제7절 中世後期의 도서관문화

▶ 중세의 후반: 십자군전쟁77) 이후 교회와 교황의 권위가 하락, 그리스
도교의 세속화, 수도원의 몰락, 상공업과 도시 발달, 시민계급 성장, 대학
제도 탄생.

_____

77) 十字軍 遠征
  1) 遠征의 계기: 셀주크 투루크가 예루살렘을 점령하여(1071), 순례자들을 박해하고
     콘스탄티노플을 위협하자, 비잔틴 황제는 로마 교황 우르반 2세에게 구원요청
  2) 원정의 시작
    (1) 교황의 원정제의: 클레르몽 종교 회의에서 교황이 성지 회복을 제창하자, 국
        왕·제후·기사는 물론, 농민·상인들도 모여들어, 200여년간(1096 - 1270)
        수차례에 걸친 대원정이 전개됨.
    (2) 원정참가의 세속적 동기
      · 교황: 성지탈환으로 동·서 교회 통합→ 교황권 확대
      · 국왕·제후: 새로운 영토와 전리품의 획득
      · 상인: 비잔틴·이슬람 상인 누르고 동방무역 확대코자
      · 농민: 십자군 참가에 따른 신분 향상과 부채의 면제
  3) 원정의 경과
    (1) 성지회복 실패: 제1회 십자군은 성지를 탈환하고 예루살렘 왕국을 세웠으나
        (1099), 다시 이슬람교도에 빼앗겼으며(1187), 계속된 원정에도 되찾지 못했
        다(제5차 십자군 때 일시 회복했으나(1229) 곧 빼앗겼다).
    (2) 실패원인: 원정이 거듭됨에 따라 초기의 종교적 정열은 식고 경제적 이익과
        정치적 동기가 더 큰 비중을 차지하였다.
  4) 원정의 결과: 봉건 사회 붕괴를 촉진
      · 경제면: 상공업의 번영(십자군 수송을 통해 동방 무역이 열리고 화폐 경제와
        도시의 발달이 촉진됨).
      · 종교면: 교황권의 쇠퇴(원정 초기에는 교황권의 권위가 높아졌으나, 후기부터
        는 권위가 떨어지기 됨).
      · 정치면: 왕권의 신장(장기간의 원정으로 제후·기사들은 몰락한 반면, 국왕의
        세력은 강화되었다: 국왕은 제후들이 남긴 영토를 몰수하고, 원정을
        구실로 임시 세금을 거두는 등 왕실 재정을 늘려 왕권을 강화할 수
        있었다).
      · 문화면: 유럽인의 시야 확대(이슬람·비잔틴 문화와 접촉함으로써 서유럽 문화
        발달에 자극을 받음).

1. 十字軍 이후의 도서관문화

1) 십자군의 영향
도시의 발달과 상업의 발전을 촉진, 12세기의 유럽이 고도로 발달한 동방의 문화를 접하고 새로운 사상과 지식, 문헌을 체험하도록 하였음.

2) 중세후기의 사회상
① 13세기: 사회·경제·문화·교육적 면에서의 진보는 독서에 대한 흥미를 확대하고 독서 자료의 생산을 촉진.
② 14세기: 백년전쟁(1338-1453)[78]과 흑사병의 발생(14세기 중엽) ⇒ 프랑

---

78) ① 백년전쟁(1337 - 1453): - 중세 말기에 영국과 프랑스 사이에 벌어진 전쟁. 프랑스를 戰場으로 하여 여러 차례 휴전과 전쟁을 되풀이 하면서 119년 동안 지속되었다. 영국은 1066년 노르만왕조의 성립 이후 프랑스 내부에 영토를 소유하고 있었기 때문에 양국 사이에는 오랫동안 분쟁이 계속되었다. 그러나 1328년 프랑스 카페왕조의 샤를 4세가 남자후계자 없이 사망하자 그의 4촌 형제(傍系)인 발르와家의 필립6세(1328 - 50)가 왕위에 올랐다. 이에 대하여 영국왕 에드워드 3세(재위: 1327 - 77)는 그의 모친이 카페 왕가 출신(샤를 4세의 누이)이라는 이유로 프랑스 왕위를 계승해야 한다고 주장하여 대립하게 됨. 영국의 에드워드 3세는 프랑스 경제를 혼란에 빠뜨리기 위해 플랑드르에 수출해오던 羊毛공급을 중단하였고, 그 보복으로 프랑스의 필립 6세는 프랑스 내의 영국 영토인 기엔, 지금의 가스코뉴 지방의 몰수를 선언, 13337년 에드워드 3세는 필립 6세에게 공식적인 도전장을 냄. 원래 플랑드르 지방은 프랑스 왕의 宗主權 하에 있었지만, 중세를 통하여 유럽 최대의 모직물 공업지대로서 번창하여 원료인 양모의 최대 공급국인 영국이 이 지방을 경제적으로 지배하고 있었다. 또 기엔 지방 역시 유럽최대의 포도주 생산지였으므로 프랑스 왕들은 항상 이들 지방의 탈환을 바라고 있었다. 따라서 전쟁의 근본적인 원인은 이 두 지방의 쟁탈을 목표로 한 것이었다. 결론적으로 백년전쟁의 결과 영국과 프랑스 모두 봉건기사의 세력이 무너지고 농민해방의 진전, 부르즈와 계급의 대두, 왕권의 확대 등을 초래 하였다. - 15세기 초 전세는 프랑스에 불리 국토의 대부분을 뺏겼다가, 시골 소녀 '잔다르크'의 출현으로 전세 역전. - 영국은 이후 왕위 계승문제로 내란이 일어남(장미전쟁: 1455 - 85).
② 노르만 왕조: 1154년 노르만왕조의 왕통이 끊어지자, 프랑스의 노르망디公 앙주伯이 들어와 왕위를 계승하여 헨리 2세가 됨.

스와 잉글랜드에서는 농민의 반란이 일어남.79)

3) 도서관과 문고의 설립(왕실과 귀족, 교회, 대학이 어려운 시대에 도
   서를 보존):
① 찰스 5세(재위: 1364 - 1380): 백년전쟁으로 황폐해진 프랑스의 재건
   을 도모하고 중앙집권국가의 건설에 힘쓰면서, 학문을 장려하고 고
   문서를 수집하는 동시에 프랑스 왕실 도서관의 기초가 된 대규모도
   서관을 세움.
② 존(찰스 5세의 동생): 필사본장서의 하나로 일컬어지는 문고를 만듦.
③ 리챠드 베리(1287 - 1345): 잉글랜드 최초의 대규모 개인문고를 만듦
   (그의 문고는 분산되었지만, 그가 지은 『愛書家』(1345)는 도서에 대
   해 쓰여진 최초의 책의 하나임).
④ 교황청도서관: 14세기에 프랑스의 아비뇽에 교황 요한 22세(재위
   1316-1334)에 의해 설립.

4) 수도회의 활동
① 프란체스코수도회: 옥스포드와 런던, 캠브리지에 도서관 설립(이 도
   서관들은 14세기에는 영국에서 가장 풍부한 장서를 갖춘 도서관이
   었음. 그들은 또한 질 좋은 독피지에 쓴 휴대 간편한 소규모의 성서

---

③ 장미전쟁 : 백년전쟁 중부터 랭카스터家(紅薔薇를 紋章으로 함) 요오크家(백장
   미를 문장으로 함)의 양가가 대립하여 왕위를 다투었는데, 전후 다시 싸움이 벌어
   져 장미전쟁(1455-1485)이라는 내란으로 발전, 영국의 전 귀족이 두 파로 갈라져
   싸웠는데, 드디어 튜더家의 헨리7세(1485-1509)가 내란을 진압하고 즉위하였다.
   헨리7세는 봉건귀족이 두 차례의 전쟁에 큰 타격을 받아 쇠약해진 틈을 타 왕권
   을 신장하여 절대주의를 확립하였다.
79) 농민전쟁: - 원인: 경제적으로 몰락한 영주들은 지대를 올리거나, 신분적 속박을
   강화하려하였음. - 반란: 프랑스의 자크리의 난(1358), 영국의 와트 타일러의 난
   (1381) 이 대표적임. - 결과: 반란은 모두 진압되었으나, 어느 정도 농민의 요구를
   들어주게 되었고, 장원제는 더욱 붕괴되어 갔음.

와 저작을 만들어냈으며, 『영국도서관장서목록』이라는 영국수도원도
서관의 소장목록을 편찬하였음).

② 도미니크수도회: 필사본의 외형보다는 내용에 더 가치를 두는 실용
적인 관점에서 도서를 수집했음. 이 수도회의 로마니는 '직무지침'
을 작성하여 사서의 임무를 규정하기도 했음.

③ 일반대중의 도서에 대한 요구: 이 요구는 유급 필사자에 의해 충당
되었음(이러한 필사를 초기에는 성직자들이 담당하였으나 나중에는
일반인이 거의 독점하였음 - 15세기에는 독일 국내에서 도서의 거래
가 보급되었는데, 프랑크푸르트의 도서전시회가 유명했음.

2. 중세대학의 출현80)과 대학도서관

1) 대학의 등장

---

80) 중세의 대학:

① 대학의 발생: 중세 초기의 유일한 지식계급은 승려, 수도사였고, 교회는 신앙
의 지도기관인 동시에 학문을 연구하고 세속의 교육을 담당하는 기관이기도
하였다. 12세기(12세기에는 유럽 내에서 유스티니아누스의 「로마법 대전」이
재발견되고, 에스파냐와 시칠리아로부터 이슬람·그리스의 학문이 전해진 시기
였음)에 이르자, 교회 혹은 수도원의 부속학교로서 대학이 발생하였다. 살레르
노의 醫學校, 볼로냐의 法學校가 먼저 일어나고, 파리대학(신학으로 유명)이
생겼다(중세말까지 50여개의 대학이 생김).

② 대학의 특색: 교회·군주로부터 자치권을 얻어, 독자적인 재판권을 행사하였고,
학문 활동과 대학운영에 간섭을 받지 않았다. - University(Universitas)라 함은
길드란 뜻 뜻인데, 중세대학은 학생 혹은 교사들이 조직한 길드(組合)에 의하
여 운영되었다. 볼로냐대학에서는 학생조합이 교칙 및 학과목을 정하고 교사
를 임면하였고, 파리대학에서는 교사조합이 학교를 운영하였다. 諸대학은 교황
·국왕·제후로부터 교사·학생의 병역 및 납세의 면제, 특별재판권 등의 이무
니타스(Immunitas:면제)를 얻었다. 오늘날 말하는 이른바 「학원의 자유」는 여
기에 기원을 두고 있다.

③ 파리대학: 하급대학인 自由科와 상급대학인 神學(철학)·법학·의학으로 나뉘어
있었는데, 자유과에서는 문법·수사학·논리학·산술·기하학·천문학·음악
등 이른바 자유7과의 기초지식을 가르쳤다.

　　도시의 발생으로 유래되는 경제적, 사회적 변동과 상공업의 확대, 도시
의 여러 제도의 발달, 개인적 자유의 확대에 따라 그에 필적하는 예술과
문학, 교육, 과학, 사상면에서의 발전을 볼 수 있게 됨. 이와 같은 역할을
수행한 기관으로 대학이 등장.

　① 대학은 학생과 교사의 길드(조합)이었음(볼로냐대학은 법학자 이르
　　네리우스(Irnerius)의 명성에 따라 모여든 학생들에 의한 길드였고,
　　파리대학은 아벨라르(abelard)와 같은 유명한 신학자가 있던 노트
　　르담성당의 부속학교에 모인 교사의 길드였다).

　② 이들 중세 대학은 자치권을 얻고자 노력(처음에는 교회재판권의
　　보호 아래 국왕이나 영주의 지배에서 벗어나려 노력했으나, 후에는
　　교회의 지배에서도 벗어나 완전한 자치권을 얻고자 투쟁하였다. 그
　　결과 대학은 그들의 통제에서 벗어나 대학총장이 교사와 학생의
　　학문 활동과 일상생활에 대한 완전한 통제권을 갖게 되었다).

　③ 중세 대학교육은 문법과 수사학, 논리학의 3學(trivium:트리비엄)과
　　산술과 기하, 천문학, 음악의 4科(quardrivium)의 7자유과목에 기초
　　를 둠(과정: - 學士(bachelor): 교사의 등록부에 이름을 올린 후 4년
　　정도 3학의 학과에 대한 판정을 받아 취득. - 碩士(master): 학사는
　　라틴어를 공부하고 토론의 기술을 익히고, 4년간에 걸쳐 4과와 각
　　학과 및 세 개의 철학(자연철학·도덕철학·형이상학)을 학습하여
　　碩士를 취득하고, 어디서든 가르칠 수 있는 권리를 주는 자격증이
　　수여됨. - 博士(doctor): 고급학문인 법학, 의학, 신학을 학습하여 6
　　년에서 10년에 걸쳐 박사의 칭호를 얻음).

　2) 대학도서관

　① 초기에는 도서관이 없었음.: 교수들은 그들 자신의 소규모 장서를
　　가지고 이 책들을 때때로 학생들에 빌려주었다. 학생들은 강의를
　　필기하거나 교재를 책장수들을 통해 입수하거나 빌리거나 하였다.

② 장서구성: 사본에 의하여 도서를 마련했던 수도원도서관과는 달리 초기 대학도서관은 기증형식을 통하여 수집되었고(대학에 책을 기증한 주요 인물은 왕, 주교, 상인, 서적수집가 등이었음), 기부금으로 책을 구입했음.

③ 도서관의 모습: 12 - 3세기에 사본들은 책상자(Book Chest)에 보존, 13세기 후반부터 14세기 초에 걸쳐 사본들은 pulpitum(책상모양의 臺: 열람대)이라고 불리는 책상위의 선반으로 나오게 되었다(이 책상 <열람대>들은 각기 18내지 20권 정도를 보관할 수 있었고, 모두 사슬로 연결되어 있었으나 책상용 선반까지 책을 운반할 수 있었다). 후에 書架가 독립된 존재로 이루어지고, 인쇄술에 의해 출판물이 도서관이용의 중심이 된 16세기에는 책이 쇠사슬로부터 해방되었다.

④ 특색: 중세대학 도서관의 기능은 사용을 위한 책의 보존이지 진귀품을 보존하는 데 있지 않았다(이러한 점에서 중세 대학 도서관은 시초적인 근대적 도서관이라 불리어질 수 있다). 대학과 그들의 장서들은 서유럽의 르네상스를 용이하게 하고 학문의 밑받침이 되었다. 천년간 지식을 보존한 것이 수도원 도서관이라면 지식을 활용하게 하고, 그렇게 함으로써 중세기의 막을 내리게 하고, 근대 사회를 맞이하게 한 것은 대학 도서관이었다.

제8절 르네상스81)와 도서관문화

▶유럽 중세의 봉건사회는 십자군 원정을 계기로 무너지고, 14 - 16세기에 걸쳐 유럽에서는 새로운 근대적 발전이 시작되었다. - 이 시기의 르네

---

81) 르네상스란 말은 프랑스 역사가 미슐레가 처음 사용하였고, 19세기 스위스 역사가 부르크하르트(Jacob Burchard, 1818 - 1897, 『이탈리아의 르네상스』<Renaissance in Italy>)에 의해 문화 개념으로 일반화되었다.

상스, 종교개혁 그리고 신항로의 개척은 바로 이러한 근대적 발전의 시작을 알리는 큰 움직임이었다.

▶ 르네상스는 우아하고 세련된, 문화적인 성자의 시대이며, 아름다운 裝幀을 가진 훌륭한 책이 만들어진 시기이며, 책을 교육과 美적 享受를 위해 제공하는 뛰어난 도서관장서의 시대이기도 했다.

1) 르네상스82)

82) ▶ 르네상스의 본질 ⇒ 복고적 혁신운동, 유럽 근대화의 출발점.
   1) 르네상스의 뜻: Renaissance란 말은 월래 '再生'이라는 뜻이며, 역사적으로는 14세기경부터 시작 된 그리스·로마 문화의 부흥을 통한 새로운 근대문화의 창조를 뜻한다.
   2) 르네상스의 본질<인간과 세계의 재발견>: 르네상스 운동에 따라 인간은 개성적 존재가 되고, 풍부한 인간성을 자유롭게 발전시키게 되었으며, 자연을 있는 그대로 관찰하고 그 아름다움을 즐기게 되었다. 한마디로 르네상스의 본질은 고전 문화의 부흥을 매개로 한 '인간과 세계의 재발견'이라 할 수 있다.
   ▶ 이탈리아의 르네상스 ⇒ 인문주의 운동 일어남, 새로운 미술의 발달
   1. 이탈리아에서 르네상스가 시작된 이유
      1) 고전 문화의 전통 보유 - 그리스·로마 문화유산 잔존
      2) 동방문화의 자극 - 지중해 통해 이슬람·비잔틴과 접촉
      3) 시민생활의 발달 - 십자군 운동 이후 도시가 번영하고 시민 생활이 발달하면서, 자유로운 인간정신이 촉진되었다.
      4) 지배층의 문화보호 - 피렌체의 메디치家가 대표
   2. 인문주의의 발달
      1) 인문주의의 뜻 - 14세기경 이탈리아에서는 그리스·로마 고전 작가의 작품을 수집·정리·연구하는 기풍이 일어났는데, 이를 인문주의라 하였다.
      2) 초기의 인문주의자
         - 단테: 토스카나 방언으로 『神曲』 저술. 중세적 세계관 속에서도 인간성을 파악·묘사.
         - 페트라르카: 자연의 아름다움과 사랑을 서정시로 묘사. 라틴 작가의 작품을 수집·연구.
         - 보카치오: 『데카멜론』 - 근대 소설의 효시. 고전 번역 등 본격적으로 휴머니즘 풍조 일으킴.
      3) 후기의 인문주의: 15세기 중엽 비잔틴제국이 멸망하자(1453), 많은 학자들이 이탈리아로 건너와, 그리스에 관한 연구가 활기를 띠게 되었다. 16세기 초

이탈리아를 중심으로 시작된 르네상스는 고대 그리스·로마 문화의 부흥을 발판으로 새로운 인문주의83)적 근대 문화의 창조를 목표로 하는 문화운동이었다.

2) 도서관의 건립
① 코시모 드 메디치(Cosimo de Medici, 1434-1464) : 필사본 수집가와 필사자, 인문주의자에 대한 열렬한 후원자. 라틴어 고전을 수집.

까지는 거의 모든 고전 작품이 알려지게 되었다.
3. 이탈리아 르네상스의 쇠퇴
  1) 쇠퇴원인
    - 문화의 귀족화: 르네상스 운동은 부호·군주·교황의 보호·장려로 발달하여, 귀족적 성격이 강하였다.
    - 무역 중심지의 이동: 신항로 개척으로 무역 중심지가 지중해로부터 대서양으로 이동, 경제적 기반이 흔들렸다.
    - 정치적 혼란: 국내 분열, 외국의 침입(독·프 간의 이탈리아 전쟁: 1520-40)
  2) 르네상스 중심지의 이동: 16세기 이후 르네상스의 중심지는 알프스 이북으로 옮겨지게 되었다.
  ⇨ 이탈리아 르네상스의 한계
  ① 지식계급 사이에 일어났으며, 일반 대중이 참여하지 못함.
  ② 이탈리아의 휴머니스트들은 자유를 사랑하고 인간의 개성을 존중하였으나, 사회 개혁사상은 없었다.
  ③ 종교적으로 성직자의 타락을 비판만 하고, 교회나 교황권은 부정하지 못했음.
  ▶ 서유럽의 르네상스 ⇒ 참다운 근대정신이 나타남, 종교 개혁에 영향 끼침.
  ⇨ 서유럽 르네상스의 특색
  ① 사회 비판적 태도: 고전에의 연구·모방을 넘어 현실 사회와 전통적 권위를 비판하려 하였다.
  ② 크리스트교적 인문주의: 서유럽 인문주의자들은 초기 크리스트교에 많은 관심을 보였으며, 교회에 대해서도 비판적이어서. 후일 종교 개혁의 이론적 배경을 마련하였다.
  ③ 국민 문학의 탄생: 민족 국가를 배경으로 각국의 국민 문학이 탄생하였다.
83) 인문주의(Humanism)의 유래: 중세의 교과목 중 철학신학 등을 Divine study, 고전 연구에 입각한 일반교양 과목을 Human study라 하였는데, 여기에서 휴머니즘이 유래되었다.

산 마르코(San Marco)도서관 설립. 자신의 개인문고를 바탕으로 메디치 도서관 건립(현재 이 장서는 플로렌스의 로렌시아 도서관에 보존되고 있음).

② 로렌조(lorenzo): 코시모 드 메디치의 손자, 메디치 도서관의 장서를 증가시켰으며, 그리스와 라틴의 고전으로 이루어진 플로렌스 도서관을 건립.

제9절 인쇄술의 발명과 도서관 문화

1) 인쇄술의 발명

① 1445년경: 公認, 『Fragment of the World Judgement』, 마크모우트는 이 책이 1444년에서 1447년 사이에 구텐베르크에 의하여 마인쯔에서 인쇄된 것이라 한다.

② 1450년: 『42行聖書』, 1450년 늦어도 1452년에 인쇄가 시작되어 1456년에 인쇄가 완료된 것으로 알려짐.84)

---

84) ① 『Fragment of the World Judgement』: 쿠텐베르크의 최초의 작품이라고 알려져 있지만 출판 연대는 없다. 마크모우트(Mamourtri)에 의하면 이 책은 1444년에서 1447년 사이에 구텐베르크에 의하여 마인쯔에서 인쇄된 것이라 한다.

② 42행 성서: 구텐베르크 바이블(Gutenberg Bible) 또는 마자랭 바이블(Mazarin Bible)이라 불리는(처음 이 책이 1763년 파리의 마자랭(Mazarin)문고에서 발견되었기 때문에 마자랭 바이블이라고도 불린다) 이 42행 성서(42-line bible)는 1페이지에 42행씩 인쇄되어 있다. 대부분이 상·하 두 권으로 되어 있는 이 책은 1450년경에 마인쯔에서 인쇄한 것으로 모두 210부 인쇄되었는데 180부는 紙刷本이고 나머지 30부는 羊皮紙本으로 되어 있으며, 현재 43부가 남아서 각처에 보존되고 있다.

 - 파리 국립 도서관에 있는 42행 성서는 크레머(Heinrich Cremer)에 의하여 1456년 8월 15일 첫행 글자가 彩飾되고 8월 24일에 제본되었다고 기록되어 있으니, 이 책은 적어도 1456년 8월 15일 이전에 인쇄된 것이 분명하다. - 독일의 서지학자인 슈벤케와 지아쯔코의 면밀한 조사, 연구에 의하여 1450년, 늦어도 1452년에 인쇄가 시작되어 1456년에 인쇄가 완료된 것으로 알려지고 있다(그 시대에

2) 인쇄술 발명의 영향

① 도서의 대량 생산: 인쇄술은 동일한 책의 대량생산이 가능하도록 해
   줌으로써 도서관 문화의 세계에 있어서 획기적인 변화를 가져오게
   되었다. 도서관은 인쇄술에 의해 생산된 수많은 문헌을 연구와 교육
   의 기반으로 하고 그 문헌을 바탕으로 새로운 사상을 확실히 만들어
   낼 수 있도록 지원하는 하나의 조직으로서 점차 확대되게 되었다.

② 도서 본질의 변모: 필사본(도서 자체가 하나의 미술품) ⇒ 인쇄본(동
   일한 작품이 대량으로 저렴한 비용으로 제작, 지식의 대중·공용화)

③ 도서관 기능의 변화: (인쇄본의 출현으로) 박물관 ⇒ 도서 이용의 장.
   인간 사상의 형성을 자극, 사상의 자취를 촉진시켜 줌.

④ 출판업의 발달: 인쇄술이 발명됨으로써 책의 공급이 격증하고, 지식
   이 널리 보급되고, 국민문학이 꽃을 피우고 문예비평이 발달하여
   상업으로서의 출판업이 일어나게 되었다.

⑤ 학문의 보편화: 이전에는 수도원이나 대학에 한정되어 있던 학문이
   이제는 이를 추구하고자 하는 인간 모두가 접할 수 있게 되었다.

▶ 1450년 - 1500년의 상황: 인쇄술의 정착을 위한 과도기(지배계급은
아직 필사본을 요망했고, 애서가는 필사본을 수집).

3) 초기인쇄술의 발달

① 날짜가 기록된 최초의 인쇄물: 교황의 免罪符(papal indulgence, 1454.
   1453년은 콘스탄티노플이 투르크인의 손에 들어가 함락된 해였다. 키
   프러스섬의 국왕의 간청에 의해 교황 니콜라스 5세<1477 - 1555>는

는 제본이나 채식은 그 책의 소유자가 하게 되어 있었다).

③ 36행 성서: 구텐베르크가 동업자인 푸스트와 결별하고 마인쯔의 교외 엘티빌
   레에 새로운 인쇄공장을 설치하고 그 제자인 피스테르와 함께 완성한 것으로
   일명 피스테르 바이블이라고도 부른다. 파리 국립 도서관에 소장되어 있는 것
   은 제본과 채식이 1461년에 되었다고 적혀 있으니 인쇄 시기는 1460년 이전
   일 것이다(김세익, p. 186.).

금전을 기부하여 투르크인과의 전쟁비용 조달을 돕고자 하는 신자에 대하여 면죄부를 허가하였다. 교황 당국의 후원에 의하여 키프러스 왕의 대리로서 파울리누스 샤페는 마인쯔로 부임하여 이러한 목적을 위한 자금을 조달하였다. 원래 면죄부는 손으로 쓰여 졌으나, 이 경우는 상당수를 배포하기 위하여, 인쇄술 덕택에 날짜와 기부자의 이름 등은 나중에 기입하도록 여백으로 남겨두고 형식만을 인쇄한 형태를 취하게 되었다).

② 영어로 인쇄된 최초의 책: 캑스톤(William Caxton, 1422 - 1491)에 의해 1473년과 1474년에 인쇄된 『트로이 역사』

③ 初期印刷本[85]: - 구텐베르크의 인쇄술발명 이후부터 1500년까지 유럽에서 간행된 활판 인쇄물을 초기인쇄본 또는 搖籃期本(Incunabula)이라 한다.

- 이것은 주로 이탈리아와 독일, 네덜란드, 프랑스 등에서 주로 인쇄된 것으로서 필사본 시대에서 활판 인쇄술 완성기로 옮겨가는 과정을 분명히 보여주는 자료로 서지학적으로 중요한 의미를 갖고 있다.

- 초기인쇄본은 단순히 미술의 대상 내지는 인쇄기술의 선구적 활동의 기념품으로 생각하고, 그것이 지적투쟁의 측면에서 수행한 역할은 망각해버리는 경향이 있으나, 15세기에 있어서도 인쇄의 힘은 강력한 것이었다는 사실을 잊어서는 안 된다.

- 그 주제별 내용을 보면 종교 서적이 45퍼센트로서 압도적으로 많은 것은 당시의 독서 계층이 승려들이었기 때문이다. 그 다음이 법학 관계 도서로서 10퍼센트, 과학 서적이 10퍼센트, 문학 관계 서적이 30퍼센트, 남은 5퍼센트가 그 외의 주제 도서들이었다.

④ 『초기인쇄본집대성목록』(Gesamtkatalog der Wiegendrucke): 15세기

---

85) 초기인쇄본(Incunabula)의 수는 약 4만 종인데, 1종이 약 200부씩 인쇄되었다면 초기인쇄본의 수는 약 800만 책이나 된다. - 인쇄소는 총 250개소가 있었으나, 그 중에서 이태리가 70여개소로 단연 앞서 있었다(김세익, p. 189).

의 책에 대한 망라적인 서지가 요망된다는 요구에 따라 1904년에 프러시아 교육위원회는 '알려져 잇는 일체의 초기인쇄본의 완벽한 목록'을 만들기 위한 위원회를 구성하였다. 전세계의 대도서관 및 수많은 개인 수집가의 도서관에 대한 원조를 얻어, 1501년 이전에 인쇄된 책약 4만종에 대한 완전한 기록이 수집되어, 『초기인쇄본집대성목록』(Gesamtkatalog der Wiegendrucke)으로서 1925년부터 12권을 완성하게 되었다.

4) 인쇄술의 발전

① 書誌의 탄생: 인쇄술의 발명으로 진정한 서지라는 것이 가능하게 됨(그것은 직접적으로는 아니더라도, 동기를 부여했던 것이다. 그 이유는 도서의 수가 급증하고 그에 따라 도서에 대한 요구가 증대했기 때문이다).

② 書名(Title): 도서 인쇄가 시작된 지(1450년경) 거의 10년이 지나서야 기재됨(고대와 중세의 필사본과 마찬가지로 초기인쇄본에서도 서명이란 것은 거의 알려져 있지 않았다). - 출판년도가 책에 기재된 것도 거의 같은 무렵의 일이었음. ⇒ 이로써 제2의 서지적 요구(서명, 출판년도)가 갖추어지게 됨(제1의 서지사항은 저자임).

③ 刊記(Colophone)[86]: {사본(책자본:codex)의 말미에 자신의 이름과 작업을 완성한 날짜, 바램 또는 그 밖의 간단한 주기를 하고자 생각했던} 중세 사자생의 관습의 연장으로서 최초의 인쇄자는 간기를 설정하게 됨(현대 東書의 版權紙 또는 洋書의 標題紙에 해당됨). ⇒ 그 초기의 간기에는 오늘날 표제지의 일부만이 기재됨(인쇄장소와

---

86) <간기 · 판권지 · 표제지>
　　동양　서양
　　刊記: 권말에 기재 간기(Colophone) :　　　　권말에 기재
　　版權紙: 권말에 기재(과거 일본) 표제지(Title page): 권두에 기재
　　標題紙: 권두에 기재(현대)

인쇄일, 인쇄자명과 인쇄자의 意匠(device),[87] 서명이 있었고, 아직 저자명은 없었다).

④ 標題紙(Title page): - 표제지의 도입은 筆寫에서 印刷로 발전하는 과정에서 이루어진 것 중 가장 현저한 진보이다(일반적으로 고대 · 중세의 著者와 寫字生, 司書는 표제지가 필요하다는 사실을 느끼지 못했다. 예를 들어 알렉산드리아의 프롤레마이오스 도서관은 필사본의 'incipit'[88] 즉 본문의 첫 번째 나오는 말에 의하여 목록을 작성하였다). - 표제지는 쉐퍼(Peter Scheffer, 1430 - 1520)가 발명하여 푸스트(Johann Fust, ? - 1466)와 함께 1457년에 간행한 『聖詩編』에 최초로 도입되었으며, 쾰른의 인쇄자 데르헤렌이 출판한 『행복한 마리아의 출현에 관한 설교』에서도 표제지가 사용되었다(이 책은 張數(foliation)가 삽입된 최초의 출판물 가운데 하나였다는 또 다른 점에서 중요하다. 數字에 의해서 페이지 부여가 완성된 것은 16세기 초에 이르러서이다).

⑤ 초기의 표제지: 초기와 이후의 많은 표제지는 실제로는 현재의 略標題紙(half title)를 대신했다. → 보호용 표지의 목적을 수행.

⑥ 표제지를 가진 최초의 재쇄(reprint): 1487년에 베니스에서 인쇄된 『불가타성서』[89](Vulgate version, St. Jerome이 4세기말에 번역한 것)로서 이 책은 단 한마디 'Biblia'라는 단어를 담은 한 장의 종이

---

87) 意匠: 물품에 외관상의 美感을 주기 위해, 그 형상 · 맵시 · 색채 또는 그들의 결합 등을 연구하여 거기에 응용한 특수 고안.
　device: 고안, 商標, 意匠, 紋章.
88) 'incipit'(인서피트): (중세의 사본 따위의) 쓰기시작(하는 말); 시작.
89) 『불가타성서』: 로마 카톨릭 교회에서의 표준 라틴어역 성서. '불가타'란 라틴어의 'Vnlbato Edito'의 약어로 '일반적인', '공통의'라는 뜻이며, 카톨릭 교회에서 공식적으로 사용되는 라틴어역 성서를 가리킨다. 당시 최대의 석학 히에로니무스가 중심이 되어 382년 교황 다마소 1세의 요청으로 번역에 착수, 1405년에 완성, 초판 인쇄본은 1455년에 나온 세계 최초의 활판 인쇄본으로 『마자랭성서』(처음 이 책이 1763년 파리의 마자랭(Mazarin)문고에서 발견되었기 때문임)라고 불렀다.

가 앞에 붙어 있었다.

⑦ 표제지의 정착: 1500년에 이르러 표제지가 정착됨(16세기 이후에는 어떤 책에도 표제지가 있는 것이 당연한 것이었고, 그것이 없는 경우는 해설이 필요했다).

⑧ 欄外標題語(catchword): {페이지부여에 앞서 난외표제어(catchword)90)를 삽입, 즉 앞 페이지의 아래에 그 페이지 최초의 단어(또는 부호)를 반복하는 것을 시행하고 있다} 난외표제어가 처음 나타난 것은 1469년 죤(John of Sapeier)이 빈에서 인쇄한 『타키투스』(Tacitus)에서였다.

⑨ 欄外標題(running heA.D.s): (각 페이지 상단의 난외표제) 이것이 최초로 등장한 것은 독일 알베르투스 마그누스의 『가난한 哲學』(Philosophia pauperum)을 브레시아에서 간행한 1490년판이었다.

5) 초기의 베스트셀러

① 중세의 베스트셀러: 에셴바하(Wolfan von Eschenbach, 1170 - 1220년경)의 『파르지발』(Parzival), 초서(Chaucer)의 『켄터베리 이야기』(Canterbury Tales)91)

② 베스트셀러라는 이름에 걸맞은 최초의 인쇄물: 토마스 아켐피스의 『그리스도의 모방』92)

---

90) 欄外標題語(catchword): (사서류의) 난외표제어, 색인어(guide word), 페이지 끝에 인쇄한 다음 페이지의 첫말.
91) 중세의 책의 경우 그것이 어느 정도 대중에게 인기가 있었는가의 기준으로서는 현존하고 있는가의 여부, 또는 그것이 존재한 사실이 알려져 있는 필사본의 수에 의하여 가능할 것이다. 그 가운데에서 에셴바하(Wolfan von Eschenbach, 1170 - 1220년경)의 기사이야기 『파르지발』(Parzival)은 80점의 필사본이 있고, 초서(Chaucer)의 『켄터베리 이야기』(Canterbury Tales)는 60점 이상의 필사본이 남아 있다. 그러므로 이들은 오락적인 설화문학으로서 가장 애호된 것으로 손꼽을 수 있다.
92) 이 책은 저자가 죽은 2년 후에 아우구스부르크의 자이네르가 초판을 발행, 15세기 말까지 99판을 거듭, 성서 다음으로 세계에서 가장 널리 읽혀졌던 책으로 3천판 이상이 발행된 것으로 기록되고 있다. 또한 1640년 프랑스 왕립인쇄소에서 발

③ 15세기의 인쇄부수: 15세기의 인쇄된 책의 평균적인 인쇄부수는 아마
도 200부를 넘지 않았을 것이다(그러나 염두에 두어야할 것은 사자생
의 일로 보면 200배가 된다는 사실이다. 물론 사정에 따라 예외도 있
었다. - 『聖브리지드의 계시』(Revolations of St. Bridged)라는 책은
종이로 800부, 牘皮紙로 16부가 인쇄되고 있다. 이는 1492년에 스웨
덴의 바드스테나 수녀원의 의뢰로 뤼베크의 고단(Gothan)이 인쇄한
것이다. - 항상 1,000부를 인쇄하고 있던 최초의 출판사는 베니스의
마누티우스였던 것 같다).

행한 최초의 인쇄물이 될 정도로 가치가 있었다.

제4장 啓蒙思想시대와 도서관문화

1. 계몽사상시대의 역사

1) 16세기 - 18세기

중세가 무너지기 시작하면서 본격적인 근대적인 발전이 이룩된다. 이 시기는 흔히 絶對主義 시대[93]라 한다(근대사회 성립의 초기 단계로서, 절대왕권을 중심으로 근대국가의 체제가 갖추어지기 시작하고 초기자본주의가 성장하며 근대문화의 확고한 토대가 구축되게 된다. 또한 왕권을 중심으로 통일을 달성한 유럽 국가들은 종교적 정치적 갈등으로 각종 전쟁을

[93) ▸ 절대주의 ⇒ 시민계급의 지지, 중상주의 정책, 자본주의 발전
  1. 절대주의 개념
    봉건 사회의 해체에서 근대 시민 사회의 성립에 이르는 과도기(절대주의는 15세기경에 태동하여, 16 - 17세기에 전형적 모습을 갖추었다)에, 몰락하는 봉건 귀족과 상승하는 시민 계급과의 대립 관계 위에서 성립된 전제적인 정치 형태를 絶對主義(Absolutism) 또는 절대 왕정이라 한다.
  2. 절대주의의 성립 과정
    1) 중앙 집권의 진전: 중세 말부터 국가 통일과 함께 각 방면에서 중앙 집권이 진행되었다.
    2) 시민의 국왕 지지: 상업 및 산업상의 필요에서 지지
    3) 봉건제후의 몰락: 신분적 특권을 보장받고 관료화
    4) 왕권의 절대화: 봉건 세력이나 시민 계급(시민계급은 그러나 세력이 커지면서 귀족과 절대 왕정에 도전, 시민 혁명을 일으키게 된다) 어느 쪽으로부터도 견제 받지 않는 권력 장악, 신분제 의회는 무력화
  3. 절대 왕정의 특색
    사상: 王權神授說 - 이 시기의 왕권은 신성불가침의 것. 보댕 등의 학자들이 지지
    정치: 관료제와 상비군 - 왕권 유지·국가 통치에 필요. 필요한 재정은 시민 계급이 내는 조세로 충당
    경제: 중상주의 - 공업보호·수출장려·수입억제·식민 활동 적극추진 등 국민의 경제 활동에 간섭
    사회: 봉건적 요소의 잔존 - 봉건적 신분제 계속, 농민의 봉건적 부담도 남아 있었음.

겨게 되고, 지리상의 발견을 배경으로 식민지 쟁탈전을 벌이게 된다).

2) 17세기

르네상스에서 싹튼 근대문화는 17세기에 확고한 토대를 구축하게 되었다(즉 봉건사회의 붕괴과정에서 싹트고 발전한 근대정신이 합리주의철학과 민주적인 정치사상으로 확대되면서 18세기의 계몽사상으로 발전하였음).

3) 18세기

정치와 경제면에서 낡은 세력을 비판하는 새로운 사상(계몽사상)이 등장하였다. 계몽주의[94]는 학문을 발달시킴과 동시에 각지에 학회를 발족시켰다(학회는 학자간의 교류의 장일뿐만 아니라 도서장서 수집의 장이기도 했으며, 학술잡지를 만들어 내는 센터였다). 또한 새로운 과학지식과 계몽사상을 보급시키기 위한 각종 백과사전이 등장하고, 전문분야마다 새로운 서지가 나타나게 되었다.

2. 도서관의 발전

절대왕권으로 배경으로 몇몇의 학술도서관과 국립도서관이 등장하게 되고, 대학도서관도 더욱 발전된 형태를 취하게 되었다. 이 시기에는 인쇄도서에 의해 도서관장서가 확충되고, 사서들의 자료의 체계적인 조직화를 위한 연구가 시작되었으며, 비로소 이용도서관의 이념이 출현하게 된다. 대중교육상에서 18세기의 큰 역할을 수행했던 것은 독서 단체와 그 독서 시설이었으며, 계몽시대의 사상은 독서 층을 부인과 시민에게까지

---

94) ☞ 계몽사상 ⇒ 이성 신뢰, 합리적 개혁 주장 → 시민 혁명의 지도 원리가 됨.
   ▶ 계몽사상의 개념: 인간의 이성을 절대적으로 신뢰하고, 무지와 미신, 이성에 반대되는 전통·제도를 타파하여 인류 사회의 진보를 꾀하려는 사상

확대해 나갔으며, 독서의 장을 찾는 요구가 높아졌기 때문에, 그에 따라 도서관과 독서시설을 제공하려는 움직임도 다양한 형태를 취하게 되었다.

3. 계몽사상의 출현과 도서관문화

1) 계몽사상 시대 상황
- 자연현상과 사회 현상을 집중적으로 연구한 시대.
- 성직자의 권력이 약해지고,
- 신앙심보다는 이성이 강조되는 시대.

2) 학회의 설립
① 1600, 로마, 科學學會(Academia dei Lincei, 예리한 눈의 학회)
② 1666, 파리, 과학아카데미(Academie des Science), 콜베르가 설립.
③ 1662, 런던, 왕립학회(Royal Society).

3) 書誌의 등장
전문 분야의 서지가 등장(신학이 여전히 가장 잘 알려진 주제이었고, 의학, 역사, 법률, 지리학에 관한 서지가 나옴).

4) 書誌(bibliographia)라는 말의 등장
노데의 『政治書誌』(bibliographia Politica, 1633)(이것은 정치에 관한 일을 논한 것으로 엄밀한 의미에서 도서리스트는 아니다)와 루이 야코브(Louis Jacob)의 『파리書誌』(bibliographia Paris, 1645).

4. 중앙집권적 도서관의 등장

18세기에는 계몽주의의 영향으로 각국에 왕실도서관의 설립된다(이는 민족주의의 대두라는 정치사상을 반영한 것이기도 하였다. 유럽 각국은 경쟁적으로 대도서관을 정비하기 시작했다). 영국과 프랑스에서 대도서관이 발전을 거듭하고 있던 18세기의 중반 이후에는 유럽 각국이 다투어 중앙집권적 도서관을 설립하였다.

1) 대영박물관 도서관

18세기 초반에 벤틀리는 국회에 국립도서관의 설립을 제안, → 의사였던 슬론卿이 그가 소장하고 있던 자료를 토대로 박물관을 세울 것을 제창하여, 1753년 영국 국회에서 이 소장품 매수를 의결, 슬론의 장서는 장서가인 코튼卿(1571 - 1631)과 할레이(1661 - 1724)의 장서와 통합되었고, 조지2세(1683 - 1760)의 개인문고가 추가되어 1759년 몬타그 하우스에 대영박물관(도서관)이 설립되었다. 1837년 인쇄본 담당관리자가 되었던 파니찌(1797 - 1879)[95]의 지휘 아래 대영박물관은 '문화보급'의 기관이 되었다. 또한 동시에 전 영국의 책과 중요한 외국문헌의 대부분을 소유한다는 의미에서 국립도서관이었다. 파니찌는 막대한 정기적인 예산을 획득하고, 도서관을 재조직하고 새로운 건물을 설계하였으며, 납본제도를 강행하였다.

2) 프랑스혁명[96]과 문헌보관소 그리고 국립도서관

---

95) ① Panizzi(1797 - 1879): 현대 편목규칙의 선구자. 이태리 태생, 1818년 Parma대학 졸업후 변호사, 1822년 이태리혁명 가담 구속, 영국 망명 런던대학 이태리어 교수, 1831년 대영박물관도서관(British Museum) 사서, 1837년 인쇄본 책임자(Keeper of the Department of Printed Books) 임명, 1856년 관장(Principal Librarian)으로 임명, 1866년 은퇴.
② Panizzi의 편목규칙(Rules of the Compilation 또는 Ninety one Rules): 1839년 이사회의 재가를 받아 1841년 출판. 본래는 79조였으나 이사회의 재가과정에서 수정되어 91조로 되었다. 이 규칙은 당시로서는 매우 완벽한 편목규칙이었고, 각국의 편목규칙에 많은 영향을 끼쳤다.
③ Panizzi의 편목규칙의 특징: 저자명 기본저록[記入] 원칙, 참조지시, 각 요목의 기술순서, 목록의 배열 등을 다룸. 단체 명을 기본표목으로 인정하고, 성서에 대한 통일표목을 인정. 학술기관, 사전류, 백과사전, 기도서, 정기간행물 등의 형식표목 사용. 무저자명 저작에 대해서 서명을 표목으로 함.

1789년 프랑스 혁명 발생(프랑스 혁명은 전형적인 시민혁명으로서, 시민계급의 주도 아래 귀족적이고 봉건적인 구제도와 절대 왕정을 타도하고 근대적인 시민사회 건설의 결정적인 계기를 마련하게 되었다). ⇒ 프랑스 도서관에 있어서 획기적인 변화를 가져다 줌. → 1789년 11월 국민의회에 의해 프랑스 국내의 교회도서관은 국유화되었고(그 후 망명 귀족의 장서도 몰수, 總裁政府(Directorie)가 생겨난 1795년말 까지 도서관에 관한 布告가 20개가 국민공회<National Convention, 1792 - 1794>의 위원회에 의해 발표됨), → 몰수된 도서는 파리 시내에 설치된 文獻保管所에 보관됨. → 1793년 국립도서관(Bibliothéque Nationale)으로 많은 도서가 이관됨. ⇒ 공포정치 후 문헌보관소에는 거의 책이 남아있지 않았으며, 정책의 변화로 많은 자료를 회복할 수 있었던 도서관은 거의 없다시피 하였다. ⇒ 이와 같이 프랑스혁명은 도서의 중앙 집중화를 가져오게 되었으며, 아울러 도서는 일반대중에게 공개되어야 한다는 원칙을 세워주게 되었다.

5. 百科事典의 출현

18세기는 사상적으로는 몽테스키외와 볼테르의 시대임과 동시에 무엇보다도 百科全書派(Encyclopédistes)[97] 시대였고, 서지적으로는 전문주제

---

96) ① 프랑스 혁명의 진전
　　1789-91: 국민 의회, 절대왕정의 붕괴, 봉건적 특권 폐지, 상층 시민의 주도
　　1791-92: 입법 의회, 입헌 군주정 시대, 혁명전쟁 수행, 공화파 대두(지롱드 당)
　　1792-94: 국민 공회, 급진 공화정 시대, 국왕 처형, 공포정치 실시(자코뱅 독재)
　　1795-99: 총재 정부, 온건 공화정 시대, 제한 선거, 상층 시민 득세, 나폴레옹 활략
　② 나폴레옹 전쟁의 의의: 나폴레옹 전쟁은 혁명전에서 침략전으로 변질하였으나, 나폴레옹은 가는 곳마다 봉건제·농노제를 폐지시켜 민중을 해방하고, 자유·평등의 프랑스 혁명 정신을 퍼뜨려, 각국 국민으로 하여금 자유주의·민족주의에 눈뜨게 하였다. 그러나 이것은 또한 나폴레옹의 몰락의 원인이기도 했다.

97) 百科全書派(Encyclopédistes): 프랑스에서 『百科全書』(Encyclopédie) (1751 - 81 간행)의 집필과 간행에 참가하였던 계몽사상가의 집단. 원래 『백과전서』는 프랑스 대

서지specialized bibliogeaph)의 시대이기도 했다. - 이들 사전과 서지는 최근의 발견과 이론에 쉽게 접근할 수 있도록 해주는 수단이었다. - 지식의 모든 분야에 걸쳐 전반적인 흥미는 정기간행물의 발전이라는 형식으로 나타나게 되었다(1760년에 유럽에서는 173종의 저널이 발행되었다).

1) 백과사전의 출현

① 1697, 베일(Pirrre Bayle)의 『역사사전』.

② 1674, 모레리의 『역사대사전』(이 사전에서는 최초로 알파벳순 배열이 채택되었다).

③ 1780, 디드로의 『백과전서』.

④ 1728, 챔버스의 『백과사전』.

⑤ 1771, 스코트랜드 紳士協會의 『브리태니카백과사전』.

⑥ 1809, 브로크하우스의, 『백과사전』.

2) 서지의 발행

① 1838, 아르테디의 『어류학 또는 어류의 일체의 움직임·魚類學文庫』.

② 1738, 린네의 『식물학문고』.

③ 1768, 뷰르의 『학문서지 또는 휘귀서, 單一書에 대한 지식개관』.

☞ (서지학자인 독일의 슈나이더에 의하면, 전문적인 서지의 전개는 이 시대에 시작되었으며, 그것을 주도했던 것은 프랑스라고 한다. 프랑스는 '서지의 고전적인 나라'라는 이름값을 했다고 일컬어지고 있다. - 나폴레옹은 1807년에 문자와 역사의 전문학교를 설립하는 계획을 세워, 1810년에 古典學校로 결실을 맺게 되어, 프랑스의 견실

혁명 발발 전인 앙시앵레짐(舊制度) 하에서 D. 디드로, J. 달랑베르 등의 監修 하에 과학·기술·학술 등 당시의 학문과 기술을 집대성한 대규모 출판 사업으로, 전체적인 사상적 통일은 이루지 못했으나 이성을 주장하고 신학·교회에 대한 비판이 강했기 때문에 발행 금지 등 당국의 탄압을 받기도 하였다.

한 고문서와, 고문헌, 서지연구의 중심이 된다).

6. 대학도서관의 발전

18세기에 이르러 대학 도서관은 학회 및 학술 잡지의 출현에 따른 학문의 발달과 더불어 그 중요성이 더해 가고, 학술 도서관의 중심적인 역할을 수행하게 되었다. 18세기와 19세기의 대표적인 대학 도서관은 독일의 괴팅겐대학과 영국의 옥스포드대학 도서관이다.

1) 괴팅겐대학도서관

괴팅겐대학도서관은 737년에 창설되었고, 라이프니찌[98] 의 사상을 완전하게 실현하고, 근대적인 원칙에 합치하는 도서관 구성을 하고 있었기때문에 괴팅겐대학 도서관의 평가가 높았다(독일의 도서관은 18세기 말에는 드레스덴대학의 도서관이 독일 도서관을 대표하고 있었으며, 전체적으로 볼 때 빈약하였다. 괴팅겐대학 이외에는 정부의 지원이 없었고, 연구는 거의 교수자신의 장서에 의하여 이루어지고 있었으며, 장서 및 직원

---

98) 라이프니찌(1646 - 1716): 젊은 시절 독일 마인쯔 지방의 보이네부르크의 사서가 되었고, 30세 때인 1676년 하노버의 사서로 임명되었다. 15년 후 45세 때 볼펜뷔텔 도서관의 관장이 되었다. 그는 도서관이 시민의 편의적인 교육기관이나 단순한 독서시설, 오락이나 수양의 집회장이 아니라 '인간을 위한 백과사전', '모든 과학의 보고', '인류의 혼의 寶庫', '모든 시대의 위인들과의 대화장'이라고 주장하였다(그의 의견은 우선 도서관은 인간정신의 보고가 되어야 하며, 독창적인 사상은 그것이 쓰여진 것으로 존재하는 한 모두 보존해 둘 필요가 있다는 것이었다. 도서는 책 수나 그 진귀함에 의미가 있는 것이 아니라는 것이다. 또한 매년 확실한 예산을 확보하여 학술상 가치가 있는 신간도서 모두가 계속적으로 조화 있게 이용자에게 제공되어야 한다는 것이다. → 한편 도서관의 직무는 이와 같이 귀중한 재산을 체계적인 목록에 의해 이용할 수 있도록 하고, 시설을 쾌적하게 정비하고, 대출을 자유롭게 하며, 이용이 용이하도록 하는 것이라고 주장하였다). - 이러한 라이프니찌의 사상이 실현된 것은 18세기 이후의 일이었지만, 여기에는 근대도서관의 본질이 충분히 이론을 갖추고 있었던 것이다.).

에 대해서도 예산이 부족하였다). 이 도서관은 자유로운 이용규정을 설정하여, 매일 개관을 실시하고, 학생에 대하여 이용의 번잡한 수속을 일체 배제했고, 동시에 10권 이상의 관외대출 허용하였다. 19세기에 이르러서는 에버트[99]와 슈레팅거[100]의 이론적 배경에 큰 힘을 입어 더욱 발전하였다{그들에 의하면, '다른 사람에 대한 봉사에 나는 자기 자신의 에너지를 사용한다'는 것이 도서관에서 일하는 능력 있는 일꾼들의 모토(motto: 信條, 左右銘)였다}.

2) 옥스퍼드대학도서관

① 옥스퍼드대학(Oxford University): 12세기에 헨리 2세가 영국 런던 북서쪽 약 100km의 템즈강 상류에 있는 옥스퍼드시에 설립한 영국에서 가장 오래된 대학. 12세기 옥스퍼드에 산재하여 있던 학교를 통합하여 대학을 만들었고, 1249년에 최초로 학교 기숙사를 설립, 대륙에서 번영하던 파리대학을 모방하여 조직하였다. 대학부속의 보들리안 도서관과 아슈몰레안 박물관이 유명하다. 이 대학의 성립의 시초는 프랑스국왕이 영국 유학생을 추방하였는데 그들이 귀국하여 런던의 근교인 상공도시 옥스퍼드에 모이게 된 것이다.

② 보드리안 도서관(옥스퍼드대학 부속 도서관): 보들리안(1545 - 1613, 엘리자베드朝의 인물로 옥스포드에서 교육을 받고 또한 가르침)이 옥스포드 대학에 재건한 도서관(1620년의 장서 수는 1만 6천권으로 유럽최대의 도서관의 하나였다. 보들리안은 서적상조합을 설득

---

99) 에버트(Friedrich A.D.olf Ebert, 1791 - 1834): 독일의 드레스덴도서관, 라이프찌히 대학도서관 및 볼펜뷔텔도서관에서 활동하였으며, 특히 사서의 교육에 대한 그의 논문 「사서의 교육」(1820) 으로 유명하다(최성진, 『도서관학통론』, p. 267.).

100) 슈레팅거: 에버트와 거의 동시대인으로서 독일의 뮌헨대학에서 주로 활동하였다. 이버트와 마찬가지로 그도 사서의 교육을 강조하였으나, 그는 특히 도서관학의 원리를 추구하고 그 기초를 마련한 사람으로 도서관사에서 기억된다(최성진, 『도서관학통론』, p. 267.).

하여 이 도서관에 출판된 새로운 도서 일체를 한권씩 보내주도록
설명하였다. 이것이 저작권과 납본제도<Copyright Act of 1709>의
기원이다

제5장 근대시민사회의 도서관문화

1. 근대시민사회의 역사

1) 18세기 후반
 절대 왕정 시대에 남아있던 봉건적 잔재를 제거하고 근대적 시민사회를 건설하려는 움직임이 모든 분야에서 이루어짐.
 - 시민 혁명: 프랑스 혁명(1789년)·미국 혁명(1776년)[101]
 - 산업 혁명: 영국[102]에서의 대변혁으로 자본주의를 완성시키고, 유럽사회를 산업사회로 전환시켜줌으로써 유럽의 경제와 사회, 정치에 큰 영향을 미침.[103]

---

101) 미국독립혁명(American of Revolution): 1776년 7월 4일 영국본토의 가혹한 지배와 중상주의 정책에 반항하여 미국 13주 식민지가 합력하여 독립을 달성한 전쟁과 식민지 내부의 사회개혁을 포함한 혁명. 이 혁명은 영국 본국으로부터 분리 독립하는 것이 주요 목적이며, 사회개혁은 그에 따라 행하여진 것으로, 후의 프랑스 혁명 등과는 여러 가지 차이가 있다. 그러나 보수적인 정치 형태를 타도하고 보다 민주적인 정치 형태를 수립하고자 한 점에서는 공통점을 가지고 있다. 이 혁명은 식민지의 본국에 대한 반란이며, 또한 같은 영국인 사이의 싸움으로서 내란으로 볼 수도 있을 것이다.
102) ① 청교도 혁명: 젠트리와 상공시민 주도 ⟶ 공화정 수립 ⟶ 왕정복고
    ② 명예혁명: 입헌군주제의 모범적 혁명 ⟶ 의회 정치 확립
103) 산업혁명
    ① 槪念: 산업혁명(Industrial Revolution)이란 자본의 축적으로 종래의 가내 소공업이나 매뉴팩처(manufacture, 제조업)에 의해 소규모 생산으로부터 공장제의 대규모 생산으로 전환되고, 이에 따라 사회 구조에도 커다란 변화를 일으킨 것을 말한다.
    ② 意義: 산업혁명은 프랑스혁명과 함께 근대 시민 사회 성립의 2대 계기를 이루었다. 즉, 프랑스 혁명으로 정치·사회면의 근대화가 성립되었고, 산업혁명으로 경제면에서 자본주의가 확립됨으로써 완전한 시민사회가 형성된 것이다.
    ③ 영국에서 먼저 일어난 이유: 자본의 축적(명예혁명 이후 정치가 안정되어 산업 발달이 순조로웠으며, 해외 무역의 패권도 잡고 있었다). 풍부한 노동력. 원료

2) 19세기

프랑스 혁명과 산업혁명을 계기로 근대사회가 확립되었다. 유럽의 근대
사회는 자유주의와 민족주의를 바탕으로 산업화에 따른 노동문제와 사회
문제가 대두되면서 전개된다. 특히 자유주의와 민주주의가 뿌리를 내리게
되고, 자연과학을 비롯한 근대적인 학문이 두드러진 발전을 하였다.

2. 도서관 문화

18세기와 19세기는 민중의 도서관의 시대라 할 수 있다. 이 시대에는
일반 독서대중의 세속적인 지적욕구를 바탕으로 會員制도서관이 탄생하였
다. 이는 공공도서관의 발전으로 이어졌다.(지역의 모든 주민을 대상으로
하여 공공비용의 지원에 의해 무료로 이루어지는 명확한 법적 근거를 가
진 공공도서관이 각국에 출현함). 이에 따라 일반대중에 대한 교육과 정
보전달, 문화생활, 여가이용 등에 이바지할 수 있는 새로운 기원이 열리
게 됨(특히 영국과 미국은 이 시기에 있어서 그들의 앞선 문화를 바탕으
로 세계의 도서관문화발전에 선도적인 역할을 하게 된다).

3. 納本제도(legal deposit)의 성립

1) 정의

그 나라에서 새로이 출판되는 도서나 그 밖의 출판물의 일정부수를 국
내의 특정도서관에 납본하도록 법으로 규정한 제도.

2) 납본제도의 시작과 의의

① 프랑스에서 1537년 프랑스와1세(François 1, 1949 - 1547)에 의해
　 시작되었다(왕은 왕실도서관의 장서를 증가시킬 목적으로 이 계획

와 시장의 확보. 풍부한 지하자원.

을 세웠음)

② 영국에서는 1610년 옥스퍼드의 보들리가 서적상조합과의 약속으로 시행되었고, 1637년 보들리안도서관의 납본이 星法院의 宣言(Star Chamber decree)으로 의무화되었다. 이후 1709년의 저작권법 (Copyright Act)에서 납본 도서관이 9곳으로 늘어났고, 1836년의 저작권법에 의해 납본도서관이 5곳(대영박물관, 보들리안도서관, 캠브리지대학도서관, 변호사회도서관(후의 스코트랜드국립도서관), 트리티니칼리지(Trinity College)도서관)으로 줄어들었으며, 1911년의 저작권법에 의해 웨일즈新국립도서관이 추가됨.

③ 미국의 경우 스미드소미언(Smithsonian)연구소[104]를 설립한 1846년의 법령으로, 의회도서관에 납본을 하도록 규정했으나 불완전함, 1859년 의회에서 폐지를 결정했다가, 다시 1865년 미국에서 출판되는 각 출판물의 1부식을 의회도서관에 납본하도록 의회에서 규정.

④ 일본은 1948년 국회도서관법에 의한 국회도서관

⑤ 의의: 한 나라의 출판물이라는 문화재를 국가의 책임으로 일정의 所管도서관에 망라적으로 수집·축적·보존하여, 국가와 국민, 외국의 이용에 대비하고, 이를 바탕으로 國家書誌를 발행하는 데 있다(각국마다 그 실태는 다양하다).

---

104) Smithsonian Institution은 영국귀족의 私生兒인 Jemes Smithsonian의 遺贈에 의하여, 미국정부가 1846년에 설립하였다. 1866년 이 도서관은 의회도서관에 기탁되어 버렸으나 Institution의 설립 당시는 이것을 국립도서관으로 만들려는 추진이 있었다(김남석, 『자료목록학』, p. 158).

제6장 現代의 도서관문화

1. 현대의 略史

산업혁명의 물결이 19세기 중엽 이후에는 유럽각국과 미국 등으로 퍼져나가 자본주의105)가 고도로 발전 ⇒ 자본주의국가들의 식민지 확보를 위한 帝國主義106)는 제1차 세계대전107)을 유발 ⇒ 1차 세계대전 이후에

---

105) 資本主義(capitalism): 자본주의 특징으로는 사유재산제에 바탕을 두고 있으며, 모든 재화에 가격이 성립되어 있고, 이윤획득을 목적으로 하여 상품생산이 행해지며, 노동력이 상품화되고, 생산은 전체로서 볼 때 무계획적으로 이루어지고 있는 것 등을 들 수 있다.

106) 帝國主義(Imperialism): 제국주의란 독점 자본주의의 단계에 이른 서양 열강이 19세기 후반부터 무력 등을 앞세워 후진국에 진출하여, 그 지방을 식민지 또는 세력범위로 만든 국가 활동을 말한다. - 제국주의는 넓은 뜻으로는 대외적 팽창·지배를 가리키기도 하나, 엄밀한 의미의 제국주의는 자본주의의 완성과 관련된 식민지 획득 내지 경제적 지배를 목적으로 한 팽창이라고 보아야 한다. 근대 초기의 식민지 획득의 노력도 자본투자·자본수출의 대상지로서의 식민지를 뜻하지 않았다는 점에서 제국주의와 구분된다.

107) 제1차 세계대전
  ① 발칸의 분쟁(범슬라브주의와 범게르만주의의 대립): 발칸 반도에서는 투르크 (지금의 터키지역)로부터 독립하려는 슬라브계 민족을 지원하는 러시아의 범슬라브주의와 독일·오스트리아의 범게르만주의가 대립하고 있었는데, 세르비아와 오스트리아가 표면에 나서게 되었다. (1908년 오스트리아는 청년 투르크 당의 혁명(1908년 혁명으로 입헌정치 수립)을 틈타, 세르비아가 탐내던 보스니아·헤르체고비나를 합병하여 세르비아의 반감을 샀다)
  ② 대전의 발발(사라예보 사건): 1914년 6월 28일, 보스니아의 수도 사라예보에서 열린 오스트리아 陸軍大演習에 참석하기 위하여 도착한 오스트리아 황태자 夫妻를 汎슬라브주의의 비밀결사에 속하는 세르비아인이 사살한 사건이 일어났다. 이를 계기로 오스트리아와 세르비아가 전쟁에 들어가고, 협상·동맹에 따라 강대국들도 참전, 세계대전이 되었다. (동맹국 측: 독일·오스트리아·투르크·불가리아, 연합국 측: 러시아·프랑스·영국·세르비아·일본·이탈리아)
  ③ 대전의 종결: 러시아가 철수하였으나 미국이 참전함으로써 전세가 연합군에 유리해져, 1918년 10월 불가리아·투르크·오스트리아가 항복, 1918년 11월

팽창주의와 軍國主義108)를 앞세우고 대두된 全體主義109)國家가 제2차 세
계대전110)을 일으킴 ⇒ 共産主義111) 국가 및 자본주의국가의 식민지였던

11일 독일이 연합국과 휴전조약을 맺음.

※ 유고슬라비아: - 보스니아 - 헤르체고비나 · 몬테네그로 · 크로아티아 · 마케도니
아 · 슬로베니아 · 세르비아 6개의 사회주의 공화국으로 정식 명칭은 유고슬라
비아 사회주의 연방공화국이다. - 구성 민족으로는 세르아비아인 · 크로아티아
인 · 슬로베니아인 · 마케도니아인 · 몬테네그로인인데, 이들 5개의 민족은 슬
라브인의 남슬라브 계통에 속하며 언어적으로 가까운 관계에 있다. 이밖에
국내에는 소수민족으로서 알바니아인 · 헝가리아인 · 터어키인 등이 살고 있
다. - 종교적인 면에서 보면, 세르비아인 · 마키도니아인 · 몬테네그로인은 그
리스 정교를 신봉하고 있으며, 크로아티아 · 슬로베니아인은 카톨릭, 터어키인
· 알바니아인은 이슬람교를 신봉하고 있다.

108) 軍國主義(militarism): 전쟁 및 전쟁준비를 위한 배려나 제도가 국민생활에서 최
고의 자리를 차지하여, 군사적 가치가 정치·문화·교육 등 모든 생활 영역을 지
배하는 사상과 행동양식.

109) 全體主義(Totalitarianism): 전체주의는 개인이나 집단보다 민족·국가와 같은 협동
체에 높은 가치를 두고, 전체를 위하여 개인이 희생할 수 있다고 하는 사상으로,
근대 시민혁명 이후 발달한 자유 민주주의를 부정한 것이다.

① 독일의 나치즘, 나치스(Nazis): 국가사회주의 독일노동자당(National-
sozailistische Dutsche Arbeiterpartei: NSDAP)통칭. 나치스란 원래 政敵들이
만들어 낸 얄잡아 부른 명칭이었으나, 오늘날에는 이 말이 전 세계의 통칭이
되었다. 나치스는 19세기 말엽 유럽에 일반적으로 공통되어 있던 反유대주의
백색인종 지상주의·국가주의·제국주의 및 사회주의와 反민주주의 사상을 기
초로 하여 발생하였다. 그 중심이론은 독일민족 지상주의와 인종론이었다.
즉, 게르만 민족은 인류 중에서도 가장 우수한 종족이기 때문에 다른 민족을
지배할 사명을 가지고 있으며, 이와 반대로 유대 종족은 가장 害惡적인 인종
이므로 絶滅시켜야 한다고 주장.

② 이태리의 파시즘(Fascism): 이탈리아 말로 파쇼(Fascio)는 結束을 의미한다.
따라서 파시즘은 결속주의라는 뜻인데, 이것이 변하여 獨裁主義·全體主義를
의미하게 되었다.

③ 일본의 군국주의:

110) 제2차 세계대전(Second World War): 1939년 9월 1일 독일의 폴란드 침입과 이
에 대한 영국·프랑스의 對獨宣戰에서부터, 40년 日·獨·伊 3국의 군사동맹 체결,
41년의 독일·소련의 개전, 그리고 태평양전쟁의 勃發을 거쳐, 43년 9월 이탈리
아의 항복, 45년 5월 독일의 항복, 8월 일본의 항복에 이르는 기간의 전쟁.

111) 共産主義(communism): 사유재산 제도의 부정과 공유재산 제도의 실현에 의하여
빈부의 차이를 없애려고 하는 사상. 'communism'은 본래 공유재산을 뜻하는

국가들이 제3계로서 등장.

2. 20세기의 도서관

① 20세기는 기술적인 혁신의 진전과 제1차 세계대전으로 인한 정보화
의 구조가 전 세계에 걸쳐 확대됨 ⇒ 컴퓨터와 제4차 정보혁신의 주
역으로 일컬어지는 텔레커뮤니케이션(telecommunication)[112]을 비롯
한 새로운 기술의 발전이 문헌정보의 양적증가와 새로운 정보와 문
헌에 대한 요구와 연결되어 도서관과 도서관업무는 새로운 전기를
맞게 된다. → 도서관은 이와 같은 소위 정보화 사회에 효율적으로
대처하기 위해 개개의 장소에서 또는 공동의 노력으로서 새로운 시
도를 계획하고 있다.

② 20세기에는 이제 하나의 도서관이나 한 국가만으로는 이용자의 요
구에 부응할 수 없는 상황을 맞이하게 되어 국가사이의 상호협력의
필요성이 더욱 증가됨. 또한 다양한 요구에 대응하기 위하여 다양한
형태의 도서관이 출현하게 되고, 사서들의 권익을 위한 전문직단체
도 구성되었다.

'commune'이라는 라틴어로부터의 造語로서, 사유재산제를 철폐하고 사회의 모
든 구성원이 재산을 공동 소유하는 사회제도를 의미하였다.

112) 텔레커뮤니케이션(telecommunication): (라디오 · TV · 電信 · 전화 따위에 의한)
원거리 통신.

● 저 자 ●

류부현(柳富鉉)　생년월일 : 서기 1962년 2월 22일생

1988년 2월 한성대학교 사학과 졸업
1991년 2월 민족문화추진회 국역연수원 졸업
1990년 2월 중앙대학교 대학원 도서관학과(석사과정:서지학전공) 졸업
1993년 8월 동 대학원 문헌정보학과(박사과정:서지학전공) 졸업
2004년 3월 현재 대진대학교 문헌정보학과 부교수

圖書館文化史

● 초판 인쇄　2004년　07월　10일
● 초판 발행　2004년　07월　15일

● 지 은 이　류부현
● 펴 낸 이　채종준
● 펴 낸 곳　한국학술정보㈜
　　　　　　경기도 파주시 교하읍 문발리 538-2
　　　　　　파주출판문화정보산업단지
　　　　　　전화　031) 908-3181(대표)・팩스　031) 908-3189
　　　　　　홈페이지　http://www.kstudy.com
　　　　　　e-mail(e-Book사업부)　ebook@kstudy.com
● 등　　　록　제일산-115호(2000. 6. 19)
● 가　　　격　5,000원

ISBN　89-534-1937-9 93020 (paper)
　　　　89-534-1938-7 98020 (ebook)